誰とも争わない生き方

人生にも魂にも善悪はない

秋山佳胤
Yoshitane Akiyama

PHP

飯事なのですが、本件で特徴的だったのは、警告先の会社代表者がとにかく誠実な方で、終始、真摯《しんし》で丁寧な対応を貫かれたことでした。

ウェブ上ではその会社や代表者について、かなりひどい記述もあったのですが、面談した際には、本当に誠実という印象で、相手方なのに心を開いて、会社の実情などについて正直に話してくださったのです。

のちに「秋山先生にはじめてお会いした際、すべてを話さなければならないと感じました」「先生のおかげで本件を解決することができました」という、ありがたい言葉をいただきましたが、事件の相手方として警告書まで送ったある意味シビアな関係なのに、このように心を開いてくださることもあるのか、と逆に教えられた思いでした。

事件の依頼者にも、「先生がはじめにおっしゃったとおり、誠実な方でしたね。人を信頼する心を思い出しました」とおっしゃっていただくほど、まさに心の面まで通じる解決に立ち会ったのです。

裁判を起こす、あるいはその前段階の警告書などのやりとりをするというのは、ある意味、社会生活において、最も対立がシビアになる場面かもしれません。

おそらくほとんどの方が、裁判を起こす、弁護士に相談するという事態にまで発展するような対立というのは経験しないのではないでしょうか。まして、企業間の対立は賠償額が高額になることが多く、経営にも多大な影響を及ぼしかねません。

その**シビアな関係の相手方でもこのようにいわば心が通じ、信頼し合うことができる**。これは、弁護士としての私にとってはとても貴重な体験でした。特許や著作権など、知的財産の案件は、離婚や相続といった一般民事事件に比べて、どちらかというとビジネス的でドライなものだと思いますが、そのようななかでも心を含めた解決というのがある、ということを私は教えられました。

それ以降、私の仕事や人生に対する思いは変わりました。

今は、**裁判の相手方であっても――もちろん立場上言うべきことは言いますが――同じ星に暮らしている同胞であるということを意識し、愛を送る**ようにしています。

そしてこれは、裁判に限りません。仕事であれプライベートであれ、人とのコミュニケーションは一方通行ではありません。同じ地球に生きる者同士、スピリット（魂）でつながっています。

それをこれから本書でお伝えしたいと思います。

ただし、人が言葉で語ったり、本に書き記したりすることは、それがどんなに注意深く客観的にしようと意図されたとしても、その人の視点や体験の影響をぬぐい切れないものであり、あなたにそのまま当てはまるとは限りません。

否、むしろ、あなたのこれまでの歩みの歴史や状況とは前提が異なるわけですから、そのまま当てはまるということは、稀《まれ》なのだと思います。それでも、ときに人の話を聞いたり、本に接したりすることは、ある視点や状況での体験に触れる、あるいはその無意味さを知る、という意味があるかもしれません。

この本も、あくまで私の視点や体験を基礎としているわけですから、読まれる際には、くれぐれも「真《ま》に受けないように」とお伝えしたいところですし、むしろ皆様の**内から出る直感や感覚、心の声を大切にしていただければ**と思います。

もちろん、皆様一人ひとりが、自分の内にある尊さを見出し、実感し、力強く表現していただくわずかなきっかけになることがあれば、望外の幸せです。

秋山佳胤

誰とも争わない生き方

目次

第1章　問題をあえて問題視しない

第2章　過去とも他人とも争わない

第3章　嫌いな相手とも魂ではつながっている

第4章　魂の世界には争いなどない

第5章 争う前に内なる声を聞け

第6章　宇宙の真理を理解する

第1章

問題をあえて問題視しない

情報を選ぶのは常に自分

おかげさまで最近はいろいろなところからお声かけいただくようになり、多くの方の前で講演をする機会が増えました。そのときに、私から参加者の皆さんにお伝えしていることがあります。

「私の話をそのまま信じないでください」

そう言うと多くの方が驚きや戸惑いの表情へと変わります。一見すると、いい加減なやつだと思われるかもしれません。言葉の真意を説明すると、話を鵜呑《うの》みにするのではなく、そこで話す様々な要素を聞いた際、**あなたの内側にある直感、つまり良心から発せられた「声」に耳を澄《す》ませてください**ということです。

講演会にいらっしゃる方は、何か見つけたいものがある、なんらかのアドバイスを受けたい、そんな気持ちから参加されている方が大半だと思います。仮に私が演者を務める講演会で何かを話したときに「なるほど、そうなんだ」と、話した内容をそっくりそのまま受け入れる姿勢でいると、その姿勢で別の演者の講演会やセミナーに参加した際、そこで話される別の視点もそのまま受け入れてしまいがちです。

　そのスタンスで危険なのは、例えば世の中である情報が煽《あお》られると、その情報をそのまま受け入れてしまいがちになります。すると何が起きるか？　まずその方の内面が混乱します。情報というのは日々、あちらこちらで無数に発信・拡散されていることから、その混乱は終わることがありません。どの情報が本当なのか、誰を信じたらいいのか、いつの間にかその方は「情報依存症」となります。


　誤解のないように申し上げますが、識者や専門家から発せられた意見に触れるのは、もちろん自由です。私も日々、様々な情報をキャッチします。そのときに重要なのが、その意見に縛られるのではなく、むしろそれをいったん脳の片隅へと置き、自分の内側から湧いて出てくる声に耳を澄ませるスタンスです。

「その意見、アドバイスが、自分の自由を広げるものなのか、もしくは自由を制限するものなのか？」

　何かを耳にしたら、この質問を自分に問うてみてください。自由を広げる感じのアドバイスであれば、それは受け入れていいでしょうし、自由を制限する感じのアドバイスであれば、それを受け入れる必要はないということです。

これが**「自由意思の尊重」**です。

自由意思は宇宙的に尊重されているものです。だからそれを縛るようなものは、アドバイスという名の下の「束縛」にすぎません。

そもそも情報は宇宙の共有財産です。その情報を誰が発信したかという事実は、あまり重要ではありません。もちろん、はじめてその情報を世に下ろした方、あるいは出版物にされた方の功績は尊重されるべきですが、情報自体は宇宙の共有財産だと思います。

そこで重要なのが「言葉」です。どんな情報も言葉次第で幾重にも変化します。

例えば有機野菜はいい、でも農薬使用の野菜は悪いという情報を、私たちは常に耳にします。有機野菜やそれに類する食べ物はもちろん身体にいいわけですが、絶対に有機しか食べてはいけないという一部の専門家によるアドバイスは制限的なものです。いいことはわかっているけれど、そのアドバイスはなんとなく窮屈に感じます。

そういう窮屈なアドバイスではなく、お金はかかりますが有機というものがあります、自由意思でこういうものを選ぶのもありですよ、農薬を使わないので環境にもやさしいですよと、制限的ではなく選択的に語ることで有機をめぐる情報の質が変わります。**選択肢を広げることは自由を広げること**につながります。これをしちゃいけないよ、こうしなきゃいけないよという「べき論」ではなく、「あるある論」への脱皮、つまり思考の解放です。

人生は選択の連続かもしれません。

何かを決断するときに、ある程度の選択肢を自分自身が持っていなければ選べないという状況が発生します。原発の問題にしても、これからどうするのかという議論が錯綜《さくそう》していいます。原子力以外のエネルギー源、環境に負荷をかけないエネルギーの存在を知れば、一人ひとりが自由意思に基づく選択行動をとり、声をあげることが可能です。

しかし情報が一元的にコントロールされて、これまでどおりに原発をフル稼働させて電気を得る生活を続けるのか、それとも原発を止めて電気のない生活を選ぶのかという制限的な提案をされてしまうと、選択が困難になります。その提案自体が自由を制限するものだからです。他の選択肢が提示されませんから、そこに自由意思はありません。

善悪のラベル貼りをやめる

自由意思を抱くということは、自分が物事をみる際の視点を固定させないということでもあります。視点、視座を自由に変化させるということです。

そのためにもまず**「裁く」という善悪のラベル貼りをやめることが必要**でしょう。弁護士の立場で何を言っているのだと不思議がる方もいるかと思いますが、実はこれこそが自由意思を自在に持ち続けるポイントかなと思います。

善悪をつけないというのは、すごく難しく感じるかもしれません。ほとんどの人が日常生活を送るうえで善悪をつけて生きてきたからです。善悪二元論という視点ですね。物事には善と悪がある、これを当たり前に考えて生活してきたわけですが、逆に善悪があることが当然という視点が存在するおかげで苦しむことも多いわけです。

私自身、人生で今が一番幸せだと感じるのは、善悪二元論に立ってないからだと思います。仕事上、これまでさんざん善悪二元論という立場に立つことをやりましたし、それに基づく様々な出来事も経験しました。ですから善悪二元論という立場に戻るのはいつでも可能ですが、視点を自在にずらすこと、ニュートラルな視点に立つことで得られる快適さを知った以上、善悪二元論に戻ろうとは思いません。すごく楽です。

ある問題を解決するためには複数の方法があると思いますが、私が好きなアプローチのひとつに**「問題を問題視しない」という方法**があります。

この三十年ほどの間に、全国の学校では不登校の学生が急増しました。最近では強いストレスが蔓延《まんえん》しているせいか、会社に行けないサラリーマンも急増しているそうです。

学校に行かなきゃダメという固有の視点に基づいて考えると、学校に行くのはいいことで、学校へ行かないのは悪いことになります。すると不登校は問題であるという結論になるわけです。しかし学校に行っても行かなくても、どっちでもいいんじゃないかと、何も問題ないんじゃないかと視点をずらすと、特に問題は発生しません。

問題というのはそこに集う人間が作り出すものです。

私たちの社会には、最初から何ひとつ問題は存在していません。すべては宇宙の意思、宇宙意識で構成されていますから、人間が宇宙に代わって大いなる意思を創造することはできないし、普遍的な意思がそこかしこに存在します。宇宙の意思になんら問題はありませんから、何か問題が発生するときには必ず、特定の人間の視点が存在します。この視点は言い換えると「思い込み」です。

中国や韓国と揉《も》める領土問題にしても、それを材料にして次の時代を考えるヒントを宇宙意思が与えてくれていると考えると、問題が問題視されなくなります。領土問題に限りません。社内での激しい対立、家庭内不和も同じ構図で、意識を育む材料を宇宙意思が与えてくれているのだと考えれば、それは貴重な「学び」の機会です。その結果、問題という嫌なイメージがありがたいイメージへと変化します。

そういう私自身、以前はごく一般的な意識で行動していました。物事にはいいと悪いがある、正しいと正しくないがある、自分は正しくありたい、そのためには正しくないことを罰しようと、かなり無理して頑張っていました。

善悪二元論に立っていると、常に自分のなかで、罪悪感と被害者意識が交互にやってきます。対照的な感情ですが、共通しているのは、いずれの感情も「過去にとらわれている」という点です。

過去、現在、未来という時間を軸にして考えると、罪悪感と被害者意識は自分の内側から消えることはありません。しかし**意識の視点をニュートラルにすると、実は時間の流れが存在しない世界があることに気づきます**。その視点に立てば過去も未来もありません。ただ「今だけしかない」という世界がそこに広がります。

古神道で言うところの「中今《なかいま》」という世界観がまさにそうです。悔やむような過去も恐れるような未来も関係なし、今こそが躍動したエネルギーの頂点なのだという世界観です。仏教で言えば「刹那《せつな》」です。刹那という言葉は誤解されがちですが、そこには一瞬一瞬の今を大事にせよという深意が込められています。

過去を変えることは本当にできる

過去というのは曖昧な記憶みたいなものです。

「昔どうだったっけ?」なんてことはありませんか? 未来というのも漠然とした期待感や不安感にすぎません。だから本当に実在するのは今だけです。

今の意識と行動の積み重ねが素敵な未来を作ります。同時に今の意識と行動の積み重ねが素敵な過去を作ります。

講演会でそう話すと「え、過去は変わりませんけど?」と質問される方がいます。過去は変わらないと思い込んでいる人が、結構いるわけです。「秋山は何バカなことを言っているんだ」と。すると私はこう答えます。過去と未来は時間軸のプラスとマイナス、右と左、たったそれだけの違いではないですかと。

過去、現在、未来というのは同時に存在し、相互に影響し合っているという考え方があります。それぞれクモの巣の糸でつながっているように影響し合っているわけです。

私はこの考え方に共感を覚えます。今の意識と行動を変えれば、現在とつながっている過去も変わっていくという考え方です。過去に縛られるくらいなら、いっそ過去を書き換えたらいいのです。

私のモットーに「いい加減」があります。いい加減とは「良い加減、適当な加減」ということ。**こうじゃなきゃいけないと視点を固定化しないという姿勢**です。別にこれでもいいし、あれでもいいしと、自分で自分を縛りません。非常に自由です。自分が良いと思うような加減を、そのつどすればいいという生き方のスタイルです。

私の事務所に様々なご相談でいらっしゃる方々は、なんらかの「マインドブロック」を持っている方々です。自由意思を阻害する大きな壁を心に築いている状態です。皆さんに、いい加減になれば楽ですよとお話しすると、秋山さんはいいですね、私はできないのですと口々におっしゃいます。

ストレスの溜まる時代ですから、皆、心になんらかのマインドブロックを持っているのだと思いますが、そうしたマインドブロックは「自分が今感じている不自由さは自分以外の何かに束縛されているのだ」という感覚です。

でも実はそうではありません。

何かで縛られているのではなく、自分で自分を縛っているのです。「私はこうじゃなきゃいけない」という自我で、がんじがらめに縛っているのです。

先ほど少し触れましたが、かつての私は善悪二元論思考でした。生まれてからずっと、人間はこうじゃなきゃいけない、自分はもっと頑張らなきゃいけない、こういう人間でありたいという強い意識で生きてきましたが、心の平穏は一向に得られません。自分が掲げる理想像に追いつかない自分が、いつもポツンと立っていました。司法試験に挑んでいるときも、司法修習期間が終わり弁護士事務所に入って仕事に励んでいるときも、独立して自分の事務所を持ったときも、ずっとそうでした。

知識武装するだけでなく肉体面でも強くなりたいと思い、極真空手の道場に通っていた時代もありました。自分は弱い人間だというコンプレックスがあるわけです。そこには弱い自分を許せないもう一人の自分がいました。

自分のなかで発生し、一向に解決しない葛藤に悩んでいる状況って、最後はどうなると思いますか？　経験のある方はすぐにわかると思いますが、最後はとても疲れます。疲れ果てて、そのことについて思考するとか、解決法を探る行動をやめます。もうどうでもいいやって思うわけです。まさに「いい加減」の誕生です。

そう自分の意思で選んだ瞬間、毎日が不思議なほど楽になりました。周囲の評価とか見た目とか、そういうものにとらわれず、自分が好きなように歩きはじめると、心がとても透きとおり、ゆったりとした感覚に包まれます。**自分で自分を縛ることがありませんから、他人を自分の価値観で縛ることもなくなります。**つまり争いごとがなくなるのです。

人のためにならない法律はいらない

争いごとという視点で考えると、守ったり戦ったりという姿勢は、つまるところ感情と感情の激突から生まれるものです。感情というのはその人の内側から湧き出る様々なエネルギーの総体ですが、そのエネルギーはそれまでの人生で本人が経験したことの総意などで構成されます。

私は知財（知的財産）が専門ですので、特許権や著作権といった関連の相談をよく受けるわけですが、弁護士のなかでも知財というのは特殊分野なものですから、私よりずっと先輩の先生がわざわざ事務所に訪ねてきて意見を求められたりします。

そんなときはいつも、私の師匠であり恩師だった松本重敏先生の言葉を思い出します。松本先生は晩年「特許法が人類のためにならないのなら、ないほうがいい」と常々言われ、『特許権の本質とその限界──特許法と倫理』（有斐閣刊）において、特許法の解釈、運用における公益や倫理の重要性を書かれました。特許法や特許権を一企業の私利私欲のために使ってはならぬということを強く訴えているわけです。

特許法は、発明者の保護と公共利用のバランスをはかることで技術の進歩と産業発展を目的にしています。特許権というのは独占権ですが、独占権を保護するということは発明者保護に相当します。

ただし発明者を一方的に保護するわけじゃありません。見返りがあるわけです。それが新しい技術の一般公開です。公開に対する代償として発明者に対して独占権が与えられるというわけです。

この独占権は永久ではなく出願から二十年。バランスをはかっているわけです。新しい技術が公開されると皆が有償利用できますから、そこからさらに新しい技術が生み出されることになります。

著作権も同じです。著作権の保護期間は著作者の死後五十年。アイデアそのものは保護されませんが、表現を保護します。著作権法が表現保護法とも言われるゆえんです。

こうした法律は、**そもそもは争いごとを減らすために制定されたルール**のはずです。

それらは人間が社会的な生き物であるという前提において、各人が暮らすコミュニティでの生存ルールを民主的判断に従って作成した取り決めであり、市民の自由意思を尊重するために存在する合理性を帯びたルールです。

ですから変な話、ある法律が市民の自由意思を阻害しているのなら、その法律を見直すなり壊すなりすればいいいし、法律を作り替えることになんらの躊躇《ちゅうちょ》もないはずです。憲法の存在意義はここにあります。ある法律が国民の権利自由を不当に制限するものである場合、法律の上位に属する憲法の規定に違反する（違憲）として、法律を無効にすることができるわけです。

自由意思は常に尊重されるべきものですから、どの視点に立たないといけないという決まりごとはありません。どの視点に立つかは、その状況において常に個人へと委ねられます。私自身は愛と調和という視点を重要キーワードにしています。

お金と上手に付き合う生き方

その法律に絡《から》むのが「お金」です。絡むのは法律だけではなく、私たちの生活すべてです。お金は社会の潤滑油でありながら、社会を壊す要素であることも事実です。

格差社会という言葉が定着したように、今の世の中ではお金のあるなしがその人のステータスの一部であるかのような風潮が蔓延しています。お金儲けの上手な人はまるで金の亡者みたいに扱われ、物質主義の象徴的に扱われます。

しかしお金は硬貨や紙幣という形を持ちながら、実は姿のない存在です。紙幣という形でいても、売買という場面で形を変え続けます。商品を買うだけではなく、サービスを受けたり、雇用を確保したり、会社の業務を拡大したりと、実に様々な形に変化します。お金にはエネルギー的な要素もあるわけです。

面白いのは、**お金にとらわれている人には二種類いる**ということ。お金お金と、お金を追い求める欲望の塊のような方、その逆に、お金は受け取れない、お金なんていらないという反お金主義的な方です。私のところにはヒーラーの方々も相談に来られます。こうしたスピリチュアルな職業の方が、もちろん全員でありませんが、結構な割合でお金を受け取れないことが多いのです。人を癒《いや》す仕事ですから支払いが発生して当然だと思いますが、受け取れない、いりませんと言ってしまう方が多いわけです。

じゃあそのヒーラーがお金に満ち足りているのかと言えば、まったく逆だったりする。なかには借金がある方もいます。お金を受け取るのは悪いことだと、抵抗感があるわけです。自分は本当のスピリチュアリストでいたいのだと。メンタルな仕事、メンタル面で充実した生活をしたいという願望の反動で、マテリアル、物質的なもの、物質的なスタイルのすべてを嫌がる傾向ですね。

本当のスピリチュアリストは、常に宇宙から降り注がれる愛を人知れず地球に下ろしながら、それと同時に社会的にもグランディング（地に足がしっかりとついていること）ができている方です。精神か物質かという二択ではなく、精神も物質も自在にコントロールできる方です。

お金を嫌うというのはお金を追い求めていることとある意味では一緒です。そこには強いこだわりがあります。お金に特別な意識を持っている、お金にフォーカス（焦点）を当てているということです。

例えばあなたが謝礼を支払うとします。心からお世話になった方にお金を包んで渡す行為は汚れた行為でもなんでもなく、とても素敵です。お金は感謝のエネルギーの伝達手段になっています。一方、賄賂《わいろ》として相手に渡すときのお金は、力によって私益をはかる手段になっています。ちなみにこのエネルギーはお金が自発的に発したわけではなく、そのお金を扱う人のエネルギーがそのまま投影されます。

このようにお金は「エネルギーの伝達手段」ですから、好きも嫌いもなく、それに固執しないというスタイルが理想的だと感じます。

ひとつユニークな話をします。私自身が経験していることですが、誰かに何かを無償、つまりボランティアでさせていただいたとします。中身はなんでもかまいません。すると後日、どこか別の相手から私に無償で何かをしていただくことがあります。これって連鎖するみたいですね。そこにはお金が介在しません。こちらもお金儲けですることではなく、あちらもお金儲けが目的じゃない、ここがユニークな点です。

私たちの本質は肉体ではなく魂、スピリットです。この肉体は期限がくれば通常滅びます。現在の世界ではこれを「死」と呼んでいます。その反面、スピリットは永遠のエネルギー体です。その事実を踏まえると、お金がこの三次元でしか通用しない物質であることは容易に理解できるでしょう。あの世にお金はありません。

でも、だからといってお金を今すぐ捨てることは適当な行為でしょうか？　低レベルな次元かもしれないけれど、自分たちはこの三次元で今を生きている、そしてこの世界で流通している生活の糧《かて》のひとつがお金であるとすれば、お金と上手に付き合って生きる「学び」を選ぶ道もあるのではないでしょうか。

この地上で生活をするには様々な物質が必要です。必要なものを得るための交換手段としてお金があるわけです。お金が生み出された背景にはいろいろと思うところがあるかもしれませんが、お金に利用されることなく単純に利用するという姿勢が大事です。

私たちはなんらかのミッションを決めて地上に降りてきました。地上でそのミッションを遂行するうえで様々なものを道具として使います。肉体も道具のひとつですが、**道具を維持する、道具を得る手段としてお金を利用すればいい**と思います。

仕事はミッションであり宇宙の計画でもある

ミッションを考えるうえで避けられないことのひとつに「仕事」があります。

仕事という字は事に仕えると書きますが、ここでいうところの事とは「神事」を物語っているのではないかと思います。本来、**仕事は人生のミッション、人生の使命**です。これが真の仕事だと思うわけです。それは神の計画、つまり宇宙の計画です。それに仕えることが仕事です。

私たちは自分のミッションを思い出し、それを実践することが期待されています。これが「人生の醍醐味《だいごみ》」であり、醍醐味ですから、それをはじめたときには楽しくてしょうがありません。よく天の計画と言いますが、そもそも天は自分と離れて存在するわけではありません。どこにあるのですかと聞かれれば、**「私たち一人ひとりの意識の集合体（集合意識）が天**ではないでしょうか」とお答えします。そして天は、いつ、いかなるときも私たちに平等であり、見守り続けてくれます。

しかし私たちが降り立ったこの三次元社会では、好きか嫌いかは別にして、仕事はなんらかの作業に従事する形で表現されます。それがミッションなのかどうかも、普段の私たちは意識していません。

ひと昔前まで、仕事は一途に定年までやり遂げることが美徳と言われました。どんな状況になろうとも仕事を変えることなく、我慢して職場や会社も変えることなく続ける人が偉いと言われました。

仕事や会社を変えるような人はこらえ性のない、ダメな人だという価値観が強く社会にありました。定年まで勤めれば満額の退職金をもらえる、そのお金で老後もやっていけるという時代だったわけです。

時が経ち、やがて転職が普通に社会に定着しはじめると、仕事も会社も異動して当然という価値観が定着しました。さらに現在、そしてこれからは、自分の意思で転職していた状況が、自分以外の意思で解雇される状況へと大きく変化しようとしています。

これまでおとなしくしていればクビになることはないと、終身雇用が当然だと思っていた常識が、そうではなくなろうとしているわけです。

一流企業に入れば安泰だから、そのためには一流大学を出る、そのためには……そんな逆算が通用しない時代がやってきます。

ちょっと皆さんの周囲を見回してください。ここ数年、リストラや倒産以外で、自分の意思で会社を退職、独立・起業するとか隠居されている方が、意外といませんか？　そういう方々は直感的に、まもなく新しい時代がスタートすることを予感していた方々かもしれません。

彼らはどこかの会社に縛りつけられない、周囲の評価を気にしない、誰かの意思に左右されない、**自分自身の自由意思で行動することを選んだ「最初の人々」**です。

私の大学時代の同期で世界的な電機メーカーに入社した友人がいるのですが、今から三年前にいきなり会社を辞めました。驚いて連絡をとると、彼は整体の学校に通い整体師へ転身するとのことでした。現在は独立しています。

未来を心配しないで「今」を生きる

銀行を辞めてヒーラーをはじめた方、大手企業を辞めて農業をはじめた方、ここ数年、本当に多くの方々の転身を、直接的にも間接的にも多数見ています。

当然ながら周囲は理解できません。周囲の方々は、普通にサラリーマンをやっていくほうが生活費としての給与が毎月もらえて安泰だと信じているからです。そもそも家族を養っていけるのかと。

私たちには自由意思が与えられていますから、その状況を前向きにとらえようが、後ろ向きにとらえようが自由です。どちらでもいいのですが、私がここで言いたいのはどんな仕事をやるにせよ、気持ちを前向きにやるほうが楽しいし、学べることが多いということです。せっかくやるのに後ろ向きだと、もったいないですよね。

じゃあ後ろ向きにやるのが絶対に悪いのかと言えば、そんなことはありません。後ろ向きにやったら自分がどうなるのかというのを、一度体験してみることが次の知恵に変わるからです。その知恵があるから、いつか成功したときに心から感謝できます。

そこで私から提案したいこと、それは**「迷ったら自分の内側から出てくる感覚を大事にしてください」**ということです。

自分が変化しようとするとき、それが理屈ではなく、これまでの単なる代わりでもなく、自分が心から欲することをやろうとするときにはサポートが入ります。私自身の経験でも、常識ではちょっと考えられないサポートが入るのを目の当たりにしています。だからどうか、**あなた自身を信頼してください。自分に対するサポートを信頼してください**。今回の人生は一度きりですので。

世界でも日本でも今、様々なところで新しいコミュニティを作ろうとしている人たちが増えています。農業を中心とした自給自足のコミュニティです。

そこではお金が主たる媒介手段ではありません。各自が自由にやりたいことをやり、自分の得意な分野を相互に提供しながら生きるシステムですから、お金は必要ないわけです。中間的な存在として地域通貨みたいなことをやっているところもあります。

経験者はわかると思いますが、サラリーマンを辞めるとそれまで当たり前のように銀行口座に入っていた月給がなくなります。これからどうやって暮らせばいいのかと不安になるでしょう。世帯主は「どうするんだ」と家族から責められるかもしれないし、それが原因で離婚する方が増えているのかもしれません。

それでも、会社勤めを辞めて独立する方が増えているのは、**自分がこの地上に降り立つ前に決めてきたミッションに、ある瞬間、気がついた**のではないかと感じます。

だから私はこう言います。せっかくその肉体を持ってこの地上に生まれてきたわけですから、どうぞ一度きりのこの人生、好きなことをやったらいいのでは？

常に明日を憂《うれ》え、その会社に定年まで勤務しないと満額の退職金や将来の年金をもらえないかもしれない、そんな不確実な未来を心配するのではなく「今」に集中して生きてください。

あなたがイメージする明日があるかどうかも、実はわかりませんよ。

お金がうまく入ってくる人の特徴

もうひとつ。

その状況で自分や家族が幸せを感じられるのなら、周囲がどう思うかは関係ないということです。まずはあなたがその人生でやりたいことをやれているのかどうか。**あなた自身がやりたいことをやっていると、不思議なことに周囲も次第に喜んでくれます。**なぜならあなた自身が輝いているからです。あなたの身体は素敵なエネルギーがオーラ・バリアとなって包んでいます。周囲はその気持ちのいいエネルギーに対する気持ちの対価としてお金を払います。

仕事は「やらなきゃいけない」という方向で考えるものではありません。何をやらなきゃいけないという思考は、子ども時代に親から言われるとか、自分が身を置いていた社会から長年にわたって刷り込まれた妄想とも言えます。

不安定な時代ですから「世の中はどうなってしまうのですか」という質問が多数寄せられます。その気持ちは理解しますが、そのベクトルで考えるのではなく、「あなた自身はどういう世の中を作りたいのですか？」と私は逆に質問します。いつまでも他人事では困るわけです。自分は考えたくない、だから誰か別の人に考えてほしい、そうすれば自分は責任をとらなくてすむ、その思考はこれまでの社会でさんざんやってきました。その結果、私たちの社会は過度の「依存症社会」へと変化しました。

だからもうそろそろ、**次の時代を創造するための思考を持つべき**でしょう。世界のすべては、私たち一人ひとりの意識の集合体であり、この世界の出来事はすべて、意識の集合体が起こしているのだという事実に気づくチャンスでもあります。

どういう楽園を作りたいのかを、自由に考える時間に入ったわけです。楽園といってもいろいろな楽園があるわけです。花壇に花を植えよう、どんな色・どんな形の花にしようかと。それぞれ、これが美しいと思う花があるわけです。だったら、あなたにとって美しい花を植えてみたらどうですかと。皆それぞれわがままに、勝手気ままに、好きな花をデザインして植えていいのです。

皆さんに提案したいこと、それはやりたいことをやってくださいということです。お金を追い求める必要はないですが、仕事の対価としてお金をいただくことを非とする必要もありません。あなたがそこで頑《かたく》なに拒否しなくても、**やがてお金を必要としない時代が来ます。だから必要以上にお金にフォーカスしない**でください。

好きな仕事をやって得たお金をどう使うかはあなたの自由ですが、例えば誰かの笑顔を増やすような、誰かの役に立つように使うことで、お金は素晴らしいエネルギーツールとなります。

エネルギーというのは滞《とどこお》ると病気になりやすいわけです。身体で考えるとそれが理解できると思います。川を見てください。水が流れていれば濁りませんが、流れが止まると淀《よど》みが生まれ、とたんに汚れはじめます。神道でもケガレ（穢れ）を祓《はら》います。流れているところにケガレはありません。滞りを取るということです。

お金もエネルギーですから、滞らせるのではなく流してやることが大事です。稼いだっていいわけですが、その稼いだお金を貯め込みすぎると、その人自身も周囲も淀みます。だから、入ってきたら放出すること。お金をうまく使える人は、うまく入ってくる人でもあります。

うつは悪いものじゃない

学生や社会人の間でうつ病が広がっていると言われています。

しかし本当に増えているのかなという疑問があります。気分が落ち込むとか鬱々《うつうつ》とすること、誰にでもありますよね。気持ちの浮き沈みは生きていれば必ずあるわけです。うつ病が増えているとか広がっているというのは、気持ちが沈んだ一瞬をとらえることでその状態が病気であるというラベルを貼ったことになります。

そもそもうつ病は作られた病気です。ある社会運動家がホメオパシー（自然治癒力を刺激する同種療法）の学術大会で発表したのですが、二〇〇〇年くらいからキャンペーンをスタートしたわけですね。そのキャンペーンもまずは病院に、つまり精神科に足を向けさせるところからはじめたというわけです。

精神科というと、以前なら行くだけで頭がおかしいみたいな偏見がありました。一般の人が行くのはちょっとはばかられる場所でした。だからこのキャンペーンでは、心の悩みで病院に行くことは特別なことじゃない、誰でも気分の落ち込みはある、いつでもお気軽にご相談くださいというムードを社会的に作り出し、来院することへの抵抗感を排除しました。でも実際に行くと、うつ病です、とりあえず薬を出しましょうとなります。うつ病には明確な基準がありません。医師がうつ病と判断すればうつ病です。そしてうつ病と言われることで、来院者は安心するという不思議な関係がそこにはあります。病気ですと言われると妙に安心する心理が存在するわけで、自分の悩みが理解されたという感覚です。同時にこうした精神病領域で深刻な問題になっているのは、**薬漬けによる精神破壊という事実**です。

医師の名誉のために言いますが、本当に悪い医師はそれほどいないと思います。医師の八割くらいは知らないで、彼ら自身が無知のまま、こうした医療行為を続けているのだと感じます。しかし知らないこととはいえ、治療という名の下に多くの方々の心身破壊行為に加担しているわけですから見過ごせません。

彼ら医師が知るべき事実は、うつ病の蔓延が既成事実化されることで誰が得しているのかという「構造」です。ちなみに私自身はホメオパシーを推奨していますが、西洋医学やその思想の下に製造される薬を否定はしません。ちょっと意外に思われるかもしれませんが、どんな存在にもその段階での役割があるからです。

少しスピリチュアルな話になりますが、自分が生前決めてきた人生のミッションがやれていないと、うつになることがあります。今やっていることはあなたが決めてきたことと違いますよ、というメッセージです。

自分はうつじゃないかと感じているのなら、それはあなたの内なる声ですから、あなたが心から楽しいことをやるということが、実は人生のミッションと強く関連します。

そう考えるとうつは病気じゃありませんし、悪いものでもありません。

人生のミッションに気づくきっかけになりうる現象です。真面目な人がうつ的になりがちですが、それは「なぜ自分が認められないのか？ 自分には価値がないのか？」という落ち込みから生まれます。

今の自分を認めることができた瞬間、うつは消えます。

そもそも「こうあるべき」という理想像は、すべて私たちの妄想にすぎません。そんな理想像は得られないし、そもそも得る必要がないという事実に気づくことが大切です。私自身がそれを嫌というほど経験しました。

人生はいい加減なくらいがちょうどいいし、いい加減な人生こそ楽しい人生です。
あなたが**今、強く握りしめているものを手放してみてください**。今まで持っていた悩みはなんだったのだろうと思うくらい、あっという間に気分が変わりますよ。

嫌いな人はゲームのキャラだと思えばいい

うつ病ではありませんが、職場で上司とそりが合わずに悩んでいる方からの相談も多数受けます。口が悪く、態度もひどい上司のせいで、過度のストレスを受けているというわけです。できればその上司自身に変わってほしい、やさしくて良い人になってほしいというのですが、それも難しい注文です。なぜなら、上司にも自由意思がありますから、変わるも変わらないもその上司の自由だからです。

ですから一番早いのは、自分が変わることです。相手を変えるより自分を変えるほうが楽です。そして**相手との関わり方を変えると、不思議なほど状況が変わります**。

なぜそんなことを言うのか？

実はその上司の方、スピ的に言えば、そういう役目なのです。つまりあなたにとって嫌なキャラを演じる方として登場しているのです。嫌な思いをさせられる、職場でいじめられるというのは貴重な体験です。その際、あなたがその状況をどう意識し、どう行動するのかということを問われているわけです。

ゲームをされる方はご存じだと思いますが、ゲームの世界で大ヒットするようなコンテンツには主人公である自分のアバターを邪魔するキャラクターが登場します。邪魔キャラ、敵キャラ、ボスキャラなどと呼ばれます。

この構図は神話の時代から続く「物語の法則（ルール・オブ・ストーリー）」です。自分が主人公の物語という舞台には、仲間、恋人、師匠などの他に、ライバル（敵）が存在します。はじめから敵なんて存在しない、平和な世界があればそれでいいじゃないかと思われるかもしれませんが、敵と戦い、疲労困憊《こんぱい》してはじめて、あなたが**「戦うとは、悩むとはどういうことか」「仲間とは何か、裏切りとは何か」といった感情を学ぶ**ことも事実です。そういう経験を通してはじめて、**争わないことの重要性が理解できたりします。**

この上司のように、嫌なキャラを演じてくれるのは「魂の信頼関係」が深くないとできません。学園祭で演劇をやるときに皆が主役をやったらお芝居が成り立ちません。目立たない脇役をやる人もいれば、悪役を引き受ける人もいてはじめて、舞台上で物語が動き出すわけですが、なかでも悪役はできれば誰も受けたくありません。

嫌なやつ、嫌な役というのは「脚本上、人生のここで会うから、俺はお前のやることに反対する」「わかった、じゃあ俺のこの部分を邪魔してくれ。嫉妬《しっと》という感情を味わってみたいんだ」という感じで、**あっちの世界にいたときにしっかりと約束しているわけ**です。

この世にやってくる前に退屈なシナリオを立てる人はいません。笑いあり涙あり、恋あり憎しみありといった魅力的な脚本を準備してきます。しかしルール上、この世に生まれ落ちるときにそれを忘れます（お腹にいるときには結構、覚えているそうです）。

さらに自分で立てたシナリオは模範解答です。模範解答を見ながら試験をやっても、なんの学びも気づきもありません。それはただのカンニングです。カンニングには学びがありません。たまにカンニングする人もいますが、その人にとってそれが本当に幸せなのかどうかは、まったく別の問題です。

きわめて三次元的な話をすると、あなたが嫌だと感じる相手は、あなたと似たところがあるから嫌なのかもしれません。こういう経験、ありませんか？　人知れず隠していた自分の性格を鏡のように見せられて、急に嫌な感情を持ったこと。それは「自分の悪いところだ」と拒否している部分です。

いいも悪いもありません。すべては宇宙の計画です。それも自分なのだと承認すればいいのです。人を恨みたい、人を傷つけたいという感情でさえも自分の大切な一部なのだと。いいとか悪いとかいう単純評価をやめ、ただ**自分をハグすれば、認めて抱きしめればいいのです。その瞬間、分離されていた宇宙エネルギーが再びあなたに統合されます。**

すると不思議なくらい、「なんだ、私は私でいいんだ」と軽やかな気持ちになり、それまでずっと握りしめていた感情を手放すことができますよ。

第2章

過去とも他人とも争わない

訴訟ですら愛のエネルギーを送る

短いようで意外と長い人生、多くの悩みにぶつかります。頭では理解しているつもりだけれど、いざとなると行動・決断できない、本当は何がやりたいのかさっぱりわからない、読者の多くがこうした経験をお持ちだと思います。

こういう場合、ああでもないこうでもないと考える作業を一度やめましょう。そうではなく「どっちが楽しいのか」と単純に感じてみてください。世界中で大ヒットした映画『マトリックス』に、「考えるな、感じろ」という台詞《せりふ》があります。まさにこの境地です。

思考は左脳的で直感は右脳的だと言われますが、この二つはどっちがいい悪いという関係ではありません。両方あってしかるべきだし、両方を上手に使えばいいわけです。

頭ではわかっているけれども動けないという人は左脳優位です。論理的な答えが明解に出てこないと、次の行動に移ってはいけないという思い込みが強いわけです。そのうち時間が経つと、もういいやと諦《あきら》めちゃう。それはもったいないですよね。だったら深く考えずに、とりあえずやってみたらどうですかと。

動けない人の意識の中心には「結果に対する不安」があります。動いた結果、期待したような内容の結果が出ないと、どうしようという不安です。でも大事なのは、結果よりもプロセスです。**その状況でどんなふうに意識し、どのように行動するのかというプロセスそのものが問われています。**

もし、あなた自身がやりたいことがあるのなら、すぐに天にお願いしてみてください。例えば海外に行きたいのであれば、その国に行きたいと強く思ってください。渡航するための細かい方法を考える必要は一切ありません。ただ天にお願いします。そして、行くことを前提に行動してみてください。いったんお願いしたら、あとは全面的に天にお任せします。細かいアレンジ一切をお任せするのです。

お願いというか、その「祈り」に関して興味深い話があります。

裁判というのは「対立」がシビアに出る場です。知財（知的財産）というジャンルはきわめてビジネスライクな世界ですから、以前はこちらが最高の材料を準備して、最大限に相手を叩くという意識でやっていました。

でも最近は私自身の意識が変わりました。

原告と被告という立場の違いは裁判という場では変わりませんが、それでも同じ星に暮らす住民じゃないのかと。自分は縁があってこちら側の代理人をやっているけれど、潜在意識では敵も味方もない、皆つながっているひとつの存在です。

もちろん訴訟で言うべきことは言いますが、それでも**訴訟外では相手のために祈っておこうという意識へと変わった**のです。

法廷は案件の是非をめぐって対立する相手との戦いの場であるとされますが、その相手に愛のエネルギーを送るわけです。すると面白いことに、なぜか相手方がこちらの味方をしてくれたりするわけです。不思議ですよね。

これを話すと大半の方が驚きます。おそらく裁判という皆さんが普通に持っているイメージが壊れるのでしょう。例えば民事、刑事いずれの事件でも弁護士（代理人）がそれをはじめて、検察までもがそれをはじめると、裁判はどんなふうに変わるでしょうか？

想像すると非常に興味深いですね。

いい、悪いは「人のどの面を見るか」次第だと思います。

いい人も、悪い人も、はじめから存在しません。

気持ちに浮き沈みがあるように、人にやさしくするときもあれば、逆に冷たくあしらうときもあります。重要なのは、その人がどちらの状況にあろうとも、その人の魂にフォーカスすること。その人の本質と対話すること、これが「相手と向き合う」ということではないでしょうか。

自分へのダメ出しが選択肢を減らす

自分には悪いことばかりが起きていると、いつも力なく落胆している人がいます。その人から見て、いいことが次々と起こっているような人は羨望の対象です。羨《うらや》ましくてしかたがないだろうし、どうして自分にはいいことがめぐってこないのかと腹が立ちます。

実はここでも潜在意識下で自由意思が働いています。自分がどういう流れにいることを望んでいるのか、という意思です。

運がいい人、運が悪い人という区別がありますが、**運がいい人は「いい流れを経験したい」と潜在意識で思っていますし、運が悪い人は逆に「悪い流れを経験したい」と思っています**。自分が本当はどう念じているのか、その点で明確に区別されるわけです。

特に運が悪いと言われる人は、潜在意識だけではなく顕在意識でも「どうせ自分の人生なんて」「ダメに決まっている」と、何事においても明確に自分にダメ出しします。

この**自分へのダメ出しこそ、人生の選択肢を減らし続ける原因**です。

人生を快適に過ごしたいのなら、自分がどのように過ごしたいのかを具体的にイメージすることからはじめてください。その前に、どんな人生を歩みたいかを具体的な言葉にします。その言葉をノートに書き出し、そこからイメージをはじめるといいでしょう。そこで大切なのは、自分だけではなくより多くの人の笑顔があふれるようなイメージです。

おぼろげなイメージはやがて明確なビジョンへと変化します。時間がかかるかもしれませんが根気強くビジョン化します。それこそ映像化できるようなビジョンを制作する映画プロデューサーのようにふるまってください。

ある程度のビジョンができたら、次にやるべき作業は「そのために今できること」を考えることです。そして**天にお願いしてください。自分はこういうビジョンを描きました、どうぞ協力してくださいと**。さらにあなたの周囲にいる家族や友人などの協力者に、声をかけてください。「協力をしてくれる人は喜んで歓迎します」と。あなた自身のビジョンを明確に語り、両手を広げて周囲を受け入れてください。

自分でやるべきことは自分でやるのが早いと思いますが、世の中には「求めよ、さらば与えられん」という言葉があります。サポートはいりませんと言えば、肝心なときに誰も助けてくれなくなりますから、サポートしてくださいと両手を広げて天に願ってください。描いたビジョンが素敵なものなら、サポートしたいという人はたくさん出現します。お金を払わなきゃ助けてくれないわけではありません。楽しそうだなという空気には周囲がジョインするんですね。ジョインするのは人間だけではありません。肉体を持たない高次元の存在たち、大天使、マスターたちも手伝ってくれます。

自分も周囲も楽しめるようなイメージを想像していれば、自分はどうして悪い流れにいるのだろう、運が悪いのだろうという妄想は忘れちゃうと思います。

世間を知りたければ窓を閉めよ

若い頃の私は弱虫でした。

何か予想外のことが起きると常にショックを受けていましたから「こんなふうになるだ

ろう、こんな感じで起こるだろう」と事前に予想して、こうなったらこうしようという行動プランを事前に立てていました。想定内におさめたかったわけです。

でもこういうやり方って、結局はうまくいきません。どんなに緻密《ちみつ》なプランを立てたとしても、常に想定外のことが起きました。想定外のことが起こるとショックを受けます。事前準備でここまで考えたのに、また予想外のことが起きてしまったというショック、そこに加えていろいろなことを考えている段階でエネルギーを使ってしまい、疲れちゃったわけです。疲れたところに、さらに予想外のことが起きる……もうダウンです。

ある日、開き直りました。もういいや、もうやめたと。あれこれ考えるのをやめたのです。**考えるのをやめて、そこに使っていたエネルギーを温存し、そのつど温存しているエネルギーを全力で開放しよう**と決めました。

そしたら急に楽になりました。その場で力が残っていますから、そのエネルギーを発揮してうまくいくわけです。

魂の暗黒を味わったこともあります。司法試験の受験時代です。何度受けても試験に合格しないわけです。結局、五回目でやっと受かりました。その中間あたりですが、三回目の受験の択一試験、マークシートで落ちたときのことです。マークシート、つまり一次試験すらパスできなかった当時、毎日が不摂生でした。その前に大学院（東京工業大学）に推薦をいただいて籍を置いていましたが、一度も行かずに辞めましたから、当時の私はただの無職でした。

その頃の私の心をめぐったもの、それは弁護士になるのだという強い志ではなく、こんな誰の役にも立たない自分がいつまでも生きていていいのかという悩みでした。自分が存在することの価値、その価値に対する大きな疑問です。

すごい葛藤でした。自分はいっそ死んだほうが世の中にとってもいいんじゃないだろうかと、延々と考え続ける日々です。朝から晩まで、ずっと悩み続けました。

職はない、試験に受からない、体調は悪い、世界で一番不幸だと思いました。お金がないから自炊しますが、ろくに作れないから毎日一食、野菜炒めです。

これがまたちっともおいしくない。食欲は一気になくなります。衰弱して声が出なくなりそうだったから親友に電話したところ、状況を察して駆けつけてくれました。

この件があってから考え方が変わりました。

まず身体を大切にしようと、体調を整えていないと何をするにせよ集中力が維持できませんから、結局は試験も受からないと思いました。それで気功などを自分で本を買って勉強しつつ、体調を整えました。

まずは体力という発想が功を奏したのか、合格する前年くらいから体調が良くなりました。六年近い司法試験の受験時代の最後は本当に元気でした。『ドラゴンボール』の孫悟空じゃありませんが、自分が力を入れると地球が揺れ動くんじゃないかと思うくらい、全身に力がみなぎっていました。

身体の調子が良くなると、なんだかずっと幸せです。苦しかった受験勉強も悠々自適です。受験期の最後のほうでは「この生活も悪くないぞ」などと感じていました。

自分が暗黒の時代を経験しているから、死にたいという悩みを相談される方にも対峙《たいじ》できるのかもしれません。気持ちが共有できるわけです。悩みの本質のすべてを共有できるわけではありませんが、なぜ死にたいのか、死ななければ解決できないのか、死んだら家族はどうなるのか、そういうことをお話しすることで、その方の悩みを共有することができます。結果のあとづけかもしれませんが、この暗黒時代は私にとって財産です。

死にたいとまでは言わずとも、周囲の言動にいちいち振り回されて、運気を逃しているのではと悩んでおられる方、たくさんいますね。講演会でもよくその手の話が出ます。周囲の言動に影響される方というのは、もともと気持ちがやさしい方です。

そういう悩みをお持ちの方に**おすすめしたいのは「内観（自分の内側を観察すること）」です**。瞑想と言われることもあります。

老荘思想（道教を大成した老子と荘子による思想）に「世の中のことを知りたいと思えば、部屋に入り窓を閉じなさい」という教えがあります。逆説的ですね。世の中に出るのではなく、自宅に入って窓を閉じよというわけです。

これ、自分の意識を内側に向ける内観の大切さを説いているのだと思います。

外のことに自分の意識エネルギーを発散させていると、自分の内側がおろそかになります。他人の言動や生き方に影響されて、自分が本来やりたいことがおろそかになるという状況は実に残念です。

力を発揮する口ぐせ、発揮しない口ぐせ

この内観と密接なつながりを持つのが口ぐせです。

私もいろいろな言葉を使いますが、重いものを持つときに「愛してる」と言いながら持ち上げます。持ち方を間違えると腰や上腕の筋肉を痛めるなどします。愛してると言いながら持つといいですよと、おすすめしています。

愛してるという言葉、つまり**「言霊《ことだま》」というかバイブレーション（波動）は、力が抜ける言葉**です。変な力を入れなくなりますからケガをしにくくなります。たとえが適当かどうかわかりませんが、強い格闘家はすべての場面で全力を使うのではなく、適度に力を抜きます。自分の身体の安全を第一に考えるからです。ギンギンに筋肉を鍛えて力でバシバシ押している格闘家はケガが多く、身体を壊しがちです。

愛してると言うときってハグしますね。すると体軸で持とうとします。無理に腕だけで持とうとしなくなります。身体の重心でやれば、てこの原理の距離が小さくなります。「重心からの距離×重さ」で力が加わりますから楽になります。腕だけというか末梢《まっしょう》で持とうとすると腰を痛めます。

朝、お風呂から出るときに冷水を浴びているのですが、冷水を浴びるときに「ありがとう」と言います。**身体に対する感謝の気持ちです。ありがとう、愛してると言うと、身体の力がいい感じで抜けます。**冷水でいじめているわけじゃなく、潤いを与えるという意識設定です。すると不思議なことに寒いと感じません。


欧州のサッカーリーグで活躍する長友佑都選手がインタビューされた際、ものすごく暑い日の試合前に「今日は寒いな」と意識することで試合中に暑さを感じなくなるという旨のコメントをしていました。ここが言葉のすごいところです。

暑さ、寒さも言葉ひとつで左右され、**言葉は意識と直結していますから、言葉ひとつで意識がチェンジします。**私自身、暑いときも寒いときも、ほとんど恰好が変わりません。どんなに寒くてもダウンジャケットやコートなどを着ることはありません。寒くても自分は先ほど南極から来たのだと思えば寒さを感じないし、むしろ自分が灼熱のなかにいるとイメージするだけで暖かくなります。

逆にスムーズに事が運ぶことを望むならば、使わないほうがいい口ぐせもあります。その典型は「運が悪い」という言葉です。「運がいい」と口にする人は、やっぱり運がいいものです。

また「頑張る」という言葉にも無理があります。頑なに張ると書きますが、無理があるわけですね。弓矢の弓も張らなければ、矢を飛ばすことはできませんが、弓を張りすぎてはうまく飛びませんし、さらに張りすぎては弓が切れてしまいます。ちなみに「無理」という言葉は理が無いと書きますが、そこには真理がありません。私は「無理に頑張らないで楽しめば？」なんて言います。

自分はよくありたい、高くありたいと思うとそうなりがちです。**高く飛ぶには、まず力を抜く必要があるし、ときにはいったんしゃがむ必要があります。**

力の抜き方がわからない人は、まず全身に力を入れてもらいます。一分間、計りますので、手を抜かないで力を入れてくださいね、と言います。一分間、力を入れ続けるというのは、かなり疲れますので、終わったときには、自然と力が抜けています。

不平不満を持つことにも意味がある

嫌なこと、苦しいことにも意味があります。

これは意識の視点をどこに据えるかという問題です。その状況を嫌だと、苦しいと感じる意思、同じ状況でも嫌ではない、苦しくないと感じる意思、どちらを選んで感じてもいい自由意思がそこにあります。

先述しましたが、私は司法試験を受験していた約六年間、暗黒の時代を経験しました。無職で試験にも毎度受からず、社会的には一番底辺に見られていたかもしれません。いつ受かるかという保証がないところに恐怖を感じてもいましたが、自分が一番下にいるという感覚は、私にとっては落ち着いた感覚でもありました。これ以上、落ちるところはないなと。周囲を見回すと、皆自分より上に見えます。皆尊敬できます。これって幸せな感覚じゃないかと心から思いました。

その経験から言えば、**嫌なこと、苦しいこと、あるいはそれ以外のことに対しても、なんらかの不平不満を持つか持たないかは、その人の自由意思**です。

不平不満を持ちたければ持てばいいわけです。何かに強く反対したければ、強く反対する言動をすればいいのです。それと同時に、不平不満を持つこと、強く反対することで、引き寄せられるものがあります。

「まいた種はいずれ刈り取るときがやってくる」ではないですが、意識の持ち方次第で自分が引き寄せるものが決まりますから、**不平不満を持てば、それと同じエネルギーを引き寄せます。これは波動共鳴の法則**と呼ばれます。

すべては考え方ひとつです。不平不満を持つのもひとつの体験ですが、体験することで不平不満を持つ人の気持ちがわかりやすくなるという作用もあります。

逆にどんなことにも感謝するということを体験すると、どこからか感謝を引き寄せたりします。人はこれを「あの人は運がいい」と呼びます。

誤解しないでほしいのですが、私は感謝が絶対的に良くて、不平不満が絶対的に悪いと言っているわけではありません。すべての体験には「固有の学び」があります。いずれも体験すると面白いでしょうし、どっちがいい悪いではないと感じます。

私たちは人生のいかなる場面でも「選択」を迫られているるのかもしれません。

Aという道を行けばAの情景が見えます。Bという道を行けばBの情景が見えます。それぞれ違った景色がそこには見えるということであり、それぞれの景色を見ている自分がそこでどう感じるか、何を思うかということです。

一般的にはアファメーション（自己への宣言）などで、私たちは見えない存在に対して深い感謝を唱えますが、感謝は顕在意識だけでなく潜在意識にも働きかけます。

相手を呪うのも祈るのもその人の自由

先ほど少し触れましたが、言葉にはその言葉の意味とともに言霊というバイブレーションがあるわけです。その言葉を自分で唱えることも、文字で書いてみることも、言葉の意味と非常に共鳴しやすくなります。

アファメーションをすると、言葉は波動となり、波動はやがて固有の周波数を持ちます。その周波数は同じ周波数帯の存在を引き寄せます。それに関しては「バイオフィールドサイエンス」という学問がありまして、これはブレサリアン（不食者）であり世界的なプラーナ栄養の実践者として名高い、オーストラリア人ジャスムヒーンさんの得意分野です。

私自身も不食者ですが、そのきっかけはジャスムヒーンさんでした。ホメオパシーをはじめて徐々に意識が拡大していく際、彼女のワークショップに参加し、人間は食べずとも生きられるのだと腑《ふ》に落ちて実践したことでした（具体的な実践の指針については、ジャスムヒーン著『神々の食べ物』〈ナチュラルスピリット刊〉を参照されることをおすすめします）。

ジャスムヒーンさんは形而上《けいじじょう》学の科学者です。未来の科学をダウンロードしたと彼女自身は話していますが、これは映画『マトリックス』に類する世界観です。

宇宙空間には多くの周波数や波動が行き交っています。自分が特定の周波数に親しむときには同じ波動が引き寄せられるわけです。


私たちが住むこの世はアバウトな面がたくさんあります。

波動共鳴の原理はもちろん作用しますが、違う周波数帯の波動の交じり合いみたいな状況も生まれるわけです。しかしながら**私たちがあの世に戻ると、意識が近い周波数でなければ交じり合うことができないようです。**

その意味でこの世はとてもユニークな場所です。大きな宇宙空間で地球が意識の実験場として注目されているのは、様々な周波数を持つ人間が同居できるからです。自分とは違う周波数にも触れられるから、そこではじめて学びや気づきが生まれるのです。

不平不満を持つのも体験だと言いましたが、**人を恨んでみる、嫉妬してみる、これらも体験です。貴重な学びの機会**ですね。それを一通りやってみて、呪うのと祈るのと、どっちが自分にとって幸せかを、自分で感じて選べばいいわけです。私たち全員が生まれながらにして自由意思が与えられているわけですから、どちらを選ぶのも自由です。

そう考えると、運気の良し悪しというのは、そのつど、その人が選んだ自由意思の結果であると言えるかもしれません。

過去にエネルギーを向けるのはもったいない

自分の行動やアイデアを狭めるのか、広げるのかという視点で見ると、「こうしなきゃいけない」「これをしちゃいけない」というダメダメ系の発想は、自由意思を制限してしまう考え方だと思います。

例えば「宝くじは買っちゃいけない、ギャンブルに意識を向けるとダメになる」なんていう話を講演会やセミナーで耳にすると、「買わないほうがいい」「お金を使わなくてすんだ」と考えて喜ぶ人がいます。

でも、ちょっと考えてみてください。

そもそもどう行動しようと自由じゃありませんか？

ちなみに宝くじだって宇宙の計画に沿った存在です。江戸時代には富くじと言いましたが、富くじは勧進《かんじん》のために寺社（幕府が認可した寺社）が発行していました。内容は別にして、富くじや宝くじが大なり小なりドラマを作ってきたことも事実です。

あるいは「後悔してはいけない」という言葉があります。してはいけないと言っている時点でとても窮屈に感じます。

やっちゃいけない、こうしなきゃいけないと、きっちり断定的に言われると、不思議と楽になります。あなたの好きなように何をやってもいいですよと言われると、なんだか見放されたように感じます。

この感覚こそ、私たちが何かに依存しながら生きている証拠です。

特に私みたいに、いい加減な人間にとっては、あれをするなと言われると無性にしたくなります。後悔というのは、過去を振り返ってあれこれ悔いる思いですが、そう感じるのは各人の自由意思次第です。

しかし**過去にとらわれているということは、今を大切にしていないということでもあります**。実在するのは、今であり、その今を大切にしないというのは、とてももったいないと思います。今にエネルギーを集中せず、自身のエネルギーを過去に向けているわけですね。

私たちの人生は**「今を生きること」が大切**です。今を素敵に過ごしたいと思えば、後悔なんて面倒くさいことはしなくてもいいのではと思います。

好きなだけお金を集めてみるのもいい

ことわっておきますが、私は宝くじの代理人じゃありません。宝くじに限らず、競馬や競輪とか競艇とかパチンコ・パチスロとか、いわゆるギャンブルをやりましょう、一発逆転でお金をガンガン儲けましょうと推奨しているわけではありません。

そういうものに熱中するときでさえ、その意識が人生の学びになると言いたいのです。

そもそもお金に「色」はついていません。お金はただ媒介手段として存在します。

ギャンブルをする動機のほとんどは「一発逆転、億万長者になりたい」というものだと思いますが、その収益が様々な復興資金の一部に充当されていること、当たったら世の中のためになるように使いたいと考える人もなかにはいること、そういう様々な要素をあれこれ考えると、一概に忌《い》み嫌わずともいいのではないかと思うわけです。

ほとんどの人が当たってほしいと考えて宝くじを買うのだと思いますが、買ったことで間接的に誰かの、社会のためになるのだから、外れてもいいよと笑う人も少なくありません。これはこれで素敵な経験です。

そもそもギャンブルといってもいろいろなギャンブルがあるわけです。

日本人には想像しづらいかもしれませんが、なかには子どもの命を救うための身を張ったギャンブルもありえるわけですね、状況次第で。ギャンブルはクズのやること、ギャンブルはバカのやることと、一方的にラベルを貼るのはどうかなと思います。

誤解を恐れずに言うと、**ギャンブルはダメだと力説する時点で、その人自身がギャンブルにとらわれている**ことになります。私は若い頃、麻雀に熱中しました。麻雀は運気のゲームです。経験者はわかると思いますが、流れというか、波動共鳴の原理が働きます。

今考えると、そういう流れを知るためのいいきっかけになりました。

私たちは「気づき」や「感情」を学ぶために転生しています。

感情には精神的な満足感もあれば、物質的な満足感もあります。今回の転生ではこれを達成しようという主題（テーマ）もありますから、それはそれで素直に学ぶべきでしょう。あるいは何かが欲しいと思っているときに、それじゃないものを一度味わってみるということも、ときには貴重な経験となります。

そう考えると、お金が欲しいと考えている人に「お金を集めるのは無意味ですよ」「お金なんてお墓にもあの世にも持っていけませんよ」と説いても意味がありません。

それよりも「あなたがそう思うなら、好きなだけお金を集めたらどうですか？」と、その人の考え方や行動を肯定してあげること。やってみればいいわけです。FX（外国為替証拠金取引）にせよ株式投資にせよ、やってみたいと考えている人に「損するからやめておけ」と説くことには、あまり意味がありません。**人間は自分で経験し、失敗したり成功したりしないと実感が持てない**ようにできています。私たちは何かを「経験する」ためにこの地上に転生しているという事実を考えると、すぐにわかると思います。

さて、仮にお金持ちになったとします。

その人が満足しているのなら、それでいいと思います。お金は得たけれど、何かまだ幸福感がないというのであれば、また別のものを探せばいいだけです。集まったお金をどう使おうと自由ですが、大金を持ってはじめて、それまで思いつかなかったような使い方が頭に浮かぶこともあります。

仮にそれが社会貢献できるものであれば、単にお金儲けというギャンブルからスタートして、**その人の意識がソーシャルに変化したことになります。これが「学び」です。**

そこで問われるのは動機であり、意識なのです。

相手を認めると幸福感で満たされる

感謝している、誰かを賞賛している、褒《ほ》めていると、自分の内面が劇的に変化します。

相手の存在価値を認めることで、自分の内面心理が幸福感で満たされていくというわけです。

皆さんにぜひおすすめします。

誰かに心から感謝すること、誰かを心から褒めること、今すぐやってみませんか？

自分と相手が共有する心からの喜びには、この世に転生してきた真の目的を見つけることができます。

とはいえ、人を褒められない、というか褒めたことがない人もいるでしょう。

それは人を認めることができないということであり、同時に自分を褒められない、自分を認められないというわけですね。

自分を認めることができなければ人を認めることはできません。

そのためには、**まず自分に感謝し、自分を褒めてみましょう。**

「いつもありがとう、愛してるよ」

心からそう言えるようになれば、あなたはごく自然に人を認めたり、褒めたり、感謝できるようになります。本来、感謝というのは「しなさい」と言われてするものではなく、自分の内側から自然と湧き出る自然な感情です。

素直に「ごめんなさい」と謝ることも大切です。

ありがとうとごめんなさいは、言葉のエネルギーが近いのです。感謝という言葉のなかには「謝る」という字が入っています。

イハレアカラ・ヒューレン博士が唱えている「ホ・オポノポノ」（ネイティブ・ハワイアンの伝統的な問題解決法）でも、ありがとうと並んでごめんなさいという言葉が出てきます。ちなみにホ・オポノポノでは四つの言葉を重視しています。**愛しています、許してください、ごめんなさい、ありがとう、**この四つです。

感謝のエネルギーは何よりも強いエネルギーです。運気を上昇させるには最適なエネルギーですが、感謝は見返りを求めるものではありません。

奉仕をすることの喜びに勝るものはない

愛にあふれた意識で感謝することができれば、その時点ではすべての存在自体が至福へと変わります。

イエスは磔《はりつけ》にされて処刑されても、なぜ悔いも憂いもなかったのか。愛の奉仕をするうえで見返りを求めず、自らの喜びとして至福として行なっていたからです。

周囲から何か感謝されたいという気持ちが一点でもあったなら、見返りを求める気持ちが一点でもあったなら、イエスは神を恨んだかもしれません。

「なぜ自分はこれだけ愛の奉仕をしたのに、こんな目にあわなければならないのか」

でも、そうではありません。

イエスは至福の時間に関与してくれたすべての人に感謝しました。今、目の前にいて、自分を槍《やり》で突こうとする人たち、自分に石を投げつける人たち。彼らにもイエスは感謝しました。

彼らがイエスを攻撃するのは、彼ら自身のなかに恐怖があるからです。

愛と調和という真実は、その要素に目覚めていない人には大きな恐怖に映ります。そしてその恐怖をイエスは手に取るようにわかりました。

そこで彼はどうしたか？

彼らの恐怖が癒えますように、私を傷つけようとするその自分の意識によって彼ら自身が傷つかないようにと、天に向かって静かに祈ったのです。イエスを磔にし、石を投げた人々が、いつか感謝を知る日、愛と調和を知る日が来ますようにと祈りました。

ゴルゴタの丘で磔にされたイエスは肉体死を迎えます。

自分の肉体死が本質である魂（スピリット）とは何も関係ないことだという事実を、生前からイエスは理解していました。

肉体はほつれるかもしれない、つまり破壊されるかもしれないけれど、**我がスピリットには一本の指も触れることはできないということを、理解していたわけ**です。だからなんの恐怖もありません。

ついにイエスは肉体死を迎えましたが、その七十二時間後、イエスは自らの意識で肉体を再生しました。そのときの意識によれば、イエスはこのように言っています。

「自分は松《しょう》果《か》体とハートチャクラに意識を集中して、自らの肉体を再生しました。私のしたことはあなたにもできます」

本質的には上下の区別がない同じ肉体を持った人間だからこそ、この呼びかけに大きな価値があります。イエスに学ぶこと、それは愛の奉仕をすることの喜びに勝るものはないという事実ではないでしょうか。

第3章

嫌いな相手とも魂ではつながっている

私たちは「個」で生きているわけじゃない

これからは**急速に分裂から「統合」の時代に向かう**と思います。

政治、経済、カルチャー、食文化、国家・コミュニティ、多くのジャンルで統合の時代へと切り替わるでしょう。なかでも医学・医療の世界では対症療法的な発想から本質（原因）療法的な発想、具体的には代替医療、あるいはホリスティック医療（個別箇所のチェックではなく心身統一で考える全体医療）を採用する医院や医師が、海外だけではなく日本国内でも増えています。私が携わっているホメオパシーも全体医療のひとつです。

世界的な「全体を統合して考える」という背景には、長い間、東洋と西洋に分かれていた思想的な流れが、元の大きな流れに戻ろうとしている動きがあります。

医師に限らず、身体の免疫システムが少しでも理解できる方なら、薬で一時的に特定部位の痛みを抑制することは可能でも、それが本質的な治療にはつながらないという事実を知っているはずです。そこには副作用という問題もあります。

抗がん剤がいい例です。吐き気やめまい、頭痛、身体のしびれといった数々の副作用で生まれる苦しみから逃れるために、その副作用を抑える名目で別の薬を使用するという構造上の問題は、現在も医療の世界では根本解決されていません。

ワクチン接種に関しても、前橋レポート（インフルエンザワクチンの予防接種をした集団としなかった集団を比較検討した結果、インフルエンザの流行状況が変わらなかったというレポート。前橋市医師会による五年間の調査・報告書）などがきっかけとなり、一九九四年の予防接種法の改正で、接種は義務から任意（接種勧奨）へと変わりました。

私は西洋医学、その思想の下に製造される薬を否定はしないと第1章で述べました。なぜなら、それらにも固有の役割があるからですが、これを言い換えると「時代の役割」にほかなりません。

噛《か》み砕《くだ》いて言えば、西洋医学も薬も、私たちの文明が進化を遂げる途上で、**つまり次のステージに変化するために通らざるをえなかったひとつの選択肢**だったわけです。

全体をつなげて考えるという視点を具体的に表現する際、よく江戸の構造を使います。

例えば汚水処理という視点で見ると、江戸という街が素晴らしい循環型のシステムを持っていたことが理解できます。この循環システムは有機農業とリンクしています。日々排出される糞尿を溜《た》めて農家に売り、農家はそれを使用した有機農法を確立していました。まさにリサイクル社会、循環社会のお手本です。

実は自然を観察していると、どこにでもその循環があることに気がつきます。循環というのは「つながり」であり、人間の作り上げた**文明社会そのものが実は大きな自然の一部にすぎない**ことが理解できます。様々な分野で生きている生物、要素、そのすべてがつながっており、大きな自然のなかでグルグル回っているわけです。

リサイクルという視点で転生を語る学者もいます。安斎育郎さん（立命館大学名誉教授）という方ですが、人が肉体死すると人体の炭素原子が酸素と結合して二酸化炭素となり大気中に放出され、その二酸化炭素が地上へと降り注がれて野菜や果物などありとあらゆる食物の栄養素になる、という地球規模のリサイクルを語っています。

その食物を私たちは摂取して生きています。私たちは「個」で生きているのではなく、いつも「全体」と密接に関わって生きているのです。

自らを傷つけてしまう理由

統合する、つなげるという以前に、すべての存在はつながっています。

今ここにいる私と地球のちょうど百八十度逆側にいる人だって、エネルギー的にはしっかりとつながっています。人間同士がつながっているだけでなく、身のまわりのものすべて、植物や動物や鉱物や微生物に至るまで、また物質などもすべてエネルギー的には相互に影響し合って存在しています。

そんなつながりが切れることはありませんが、つながりを忘れることが、ときに生じます。私も経験がありますが、孤独感はその代表格です。**寂しい思いを抱くのは、つながりの糸を見失っている証拠**です。

これを「分離感」と呼びます。自分は周囲から分離されているという感覚・感情です。大いなる神と分離されていると錯覚するわけです。

私は不食であり、プラーナ（気息とも称される万物の大元となるエネルギー）で生きていますが、プラーナで生きるようになると感覚が研ぎ澄まされます。

以前は普通に食事をしていましたが、食べると眠くなり感覚が鈍る感じがありました。しかし空腹状態では軽やかになり頭がクリアになります。意識面でのクリアな感じは表現しがたいところがあります。その結果、この世界が様々なものとのつながりで構成されている事実を実感できるわけです。

蚊やハエといった虫も以前は普通に殺していましたが、今はそんな気が起きません。殺生は悪いといった観念ではなく、蚊やハエとのつながりを実感するからです。彼らがいるから自分も命を維持できている事実を、頭ではなく心身のすべてで実感できるからです。

ときとして人は、自暴自棄になることがあります。年齢や性別や社会的ポジションに関係なく、人はリストカット（手首を切る自傷行為）をし、さらには自ら命を絶ちます。しかしながら、自分が今ここに存在することのすごさ、存在する価値を、周囲の様々な存在とのつながりという視点で考えると、自分を傷つけようとは思わなくなるし、誰かを傷つけようとも思いません。

これが**「自他同然」**という発想です。

だからまず、**すべてがつながっているという事実を思い出すこと。これが私たちの社会**

を進化させる最大のポイントです。

私自身、最近は本当に様々な方とお会いしますが、初対面の方々の多くが、実は以前お会いしていた方々だったという事実に気がつきます。リ・ユニオン、もしくは再リンクとでも言いますか、具体的に肉体を持った者同士で再び距離を縮めて会うことで、つながっているのだという事実を実感するわけです。

ちなみに「つながりの度合い」は人によって違うかもしれません。

太いつながりもあれば、細いつながりもあるのでしょう。家族で一緒に暮らすというのは太いつながりかもしれないし、一生のうちに一度もお会いすることがないのは細いつながりかもしれません。細かったつながりが、実際に会うことで太くなるということもあると思います。

身体軸がぶれなければケガも病気も少ない

先ほど江戸の循環型社会の話をしましたが、私はだからといって江戸時代に戻ろうという提案をしているわけではありません。

これまで培ってきた多くの科学技術による恩恵を捨てる必要はありませんが、江戸という巨大な都市を支えたシステム面での素晴らしさを忘れる必要もありません。

その江戸の先人たちは、身体をひとつの統合体、つながりとして見ていました。歩き方、走り方、身の処し方など、とてもユニークです。浮世絵などを見ていると、そこに登場する様々な人物たちの立ち居ふるまいに達人レベルの身体意識が表われています。

身体の軸の保ち方ひとつとっても、空恐《そら》ろしいくらいです。能・狂言や歌舞伎、または踊りをされている方々は、それが一発でわかるそうです。ときに「摺《す》り足」は身体に過度な負担をかけない効率的な動きでもあります。

あまり着用されなくなりましたが、いわゆる和服というのは足が大きく広がらないような構造です。限定的な歩幅で歩くこと自体が重心移動の鍛練になります。

あるいは「ナンバ走り（飛脚の走り方と言われる古式走法）」を習得したお侍さん。全身の筋肉と骨に負担がかからないように動かす術を考えた効率的な動き方です。

二〇〇二年に亡くなった伊藤昇さん（武道家、運動理論家）は、運動能力の高さは胴体をどれくらい十分使用できるかにかかっているという「胴体力理論」を大成されました。歌舞伎界を代表する女形の坂東玉三郎さんは伊藤さんを慕っておられたという話です。これもいかに重心移動を行なうかという、ある意味「つながりの問題」です。

変な話、街中でフラフラしながら歩いている人、いますよね。酔っ払いでもなく病気でもなく、なんだかフラリフラリと歩いている人。こういう人は優柔不断でいい加減に見えるかもしれませんが、重心というか中心軸はそれほどずれていません。意外と効率的に動作しています。皆さんがもし街で出会ったら、ちょっと観察してみてください。

逆にのっしのっしと自信たっぷりに歩いてらっしゃる方、中高年の男性に多いタイプですが、前から歩いて来られると威圧感のある方がいます。こういう方の場合、その力の入った歩き方で筋肉や骨に過度の負荷がかかっていることが多いと思います。負荷がかかると身体の軸はぶれます。ちなみに電車内での座り方でも同じです。

身体の柔らかい方は、ケガや病気をする頻度が少ないと言われます。筋肉や骨が効率的な動作をとるからでしょう。プロのスポーツ選手でもケガの多い人は引退も早いものです。

整体に行かれたことのある方は経験があると思いますが、首や肩が痛いときにその事実を告げると、整体師さんがお尻やふくらはぎをマッサージすることがあります。痛い部位に直接的な原因があるわけではなく、別の箇所が疲労することでそこに痛みが発生するという解釈ですが、この視点はまさに全体医療、統合医療そのものです。

つながっているという視点は、私たちのすぐ身近な肉体をモデルケースに考えると、当たり前の視点として認識できます。

この世に絶対的な価値は存在しない

つながりというと宗教をイメージする方も多いと思います。ちなみに私は特定の宗教団体には属していませんが、宇宙の創造主、自分、それに他者との大いなるつながりを、愛と調和の精神で常に感じています。

世界を代表する宗教には、キリスト教、仏教、ユダヤ教、イスラム教、ヒンズー教などいろいろあります。当然ながら子どもの頃からその名前は知っていましたが、そこに自ら入ろうという気にはなりませんでした。

なぜかなと思っていましたが、司法試験の勉強をしているときに、その答えが判明しました。それは「価値相対主義」にありました。憲法論で登場するのが、この価値相対主義という考え方です。

価値相対主義は、**この世に絶対的なものはなく、すべての価値は相対的なものであるという考え方です。**

私はこの考え方に即納得しました。

人によって価値はバラバラであってしかるべきという、それまでずっと抱いていた自分の考え方を後押ししてくれたからです。価値相対主義があるから、例えば民主主義や共和制というシステムの下で、人々が話し合いによって決めることができます。

唯一絶対に正しいということ、あるいはそうした存在があるとすれば、最初から話し合いをする必要はありません。しかし古来、世界には様々な価値観が存在します。そうした価値観を破壊して、**自分が持つ価値観を絶対的な価値とする行為は冒瀆《ぼうとく》**です。

逆説的ですが、絶対的な価値があるとするなら、それは「すべての価値は相対的である」という事実そのものだと感じますし、価値相対主義を柱に据えればそもそも争うことはないのです。

価値相対主義という考え方は緩やかであると同時に、ある意味、いい加減です。だから世界で広く受け入れられたのでしょう。

その価値相対主義を論じる際、憲法で保障される「信教の自由」があります。人は基本的にどんな宗教を信じてもいいわけです。**信じる自由があり、同時にすべての宗教を信じなくてもいい自由があります**。信じるも信じないも、どうぞお好きなようにというわけですね。価値相対主義に立つ以上、何か特定の宗教を強制するわけにはいきません。

特定の宗教団体に所属されている方は、当然ながら信教の自由に沿って活動されているわけですから私がどうこう言う筋合いはありません。好きなように活動されたらいいと思います。しかし宗教団体に所属していない人間に無理やり説教するとか、強引に宗教イベントに連れて行くとか、本人の自由意思を無視して働きかけることは問題です。信じている人同士が仲良く活動すればいいのです。

すべてはつながっているという教えこそ真の宗教

私はその昔、新宗教と呼ばれるある新興宗教団体の信者から入信のお誘いを受けたことがあります。

その人は自分が所属する宗教団体の教祖や幹部たちの考え方を時間をかけて披露し、私を論理的に説得しようとしました。でも私はどんな宗教であれ、信者が一心不乱に掲げる論理のほころびを見抜きます。

宗教の論理というのは確かによくできています。とても美しく崇高で、人を気持ちよくさせるようにできていますが、それらはある前提条件に乗らないと達成できません。それが、その宗教団体への加入であり、団体への金銭の支払いや新規勧誘という名の布教活動です。「これらの条件を伴ってはじめて幸福を取得できますよ、あなたは救済されますよ」というわけです。

そしてこの前提条件こそ、**世界中のありとあらゆる宗教がその崇高な精神を持って誕生したにもかかわらず、内部から腐敗していく一番大きな要素**です。

キリスト教の教会では「教会に来て懺悔《ざんげ》してください、免罪符を買ってください、寄付してください、さもなければ地獄に落ちますよ」と言い続けた負の歴史があります。現在もキリスト教のシステムは、基本的にはほとんど変わっていません。

ちょっと言い方は過激かもしれませんが、これは**人々の宗教心を癒すものではなく、逆に恐怖心を煽るマインド・コントロールに近いと感じます**。ただ愛の教えを説けば、誰もが崇高な気持ちに満ちあふれることができるのに、逆に怖れを抱かせるというのはいかがなものでしょうか。

教会の現場で働いている人たちに知り合いが結構いますので、彼らがやさしい気持ち、純粋な気持ちで働いていることは知っています。彼らがおこたっているところがあるとするならば、その人の内側にもともと存在する健全な批判精神を行使する行為かもしれません。


キリスト教に限りません。これはすべての宗教団体で言えます。末端で奉仕活動をするのは結構ですが、その団体の幹部たちが何をやっているのかという現実を、信仰心にあふれた方々はちゃんと見ているのでしょうか？

なぜ幹部が高級車を乗りまわし、一等地に立つ豪邸やタワーマンションに住む必要があるのか。なぜ彼らがありあまるほどのお金を所有しているのか。もっと言えば、なぜあんなきらびやかな宗教施設を、あちらこちらに建てる必要があるのか。そんなにお金があるのなら、水が飲めずに餓死していく人々の全面的な支援にまわしたらどうでしょうか。

そもそも宗教とは宗《むね》の教えと書きます。宗とは中心です。**中心の教え、すなわち「すべては一元」であり、すべてはつながっているという教えこそ真の宗教**です。

しかし世界の名だたる宗教団体は、自分たちが信じる神が正しい、他の宗教の神は間違っている、邪教であると主張します。これは宗教ではありません。言うなれば「分離の教え」です。人々に統合感を抱かせる教えではなく、分離感、離脱感を抱かせる教えです。宗教という名を借りて、単に分離・分裂を説いているだけではないでしょうか。

宗教を利用する人たち

そもそも神による「啓示（教え示されたもの）」を預言者が受けたところから、世界の宗教はスタートしました。

しかしその啓示は、受けた時代、受けた場所、受けた人、すべてバラバラです。表現方法もその手段もバラバラです。啓示と呼ばれるものの背景がしっかりと理解できれば万教同根という事実が理解できるはずです。

預言者に教えを与えた神、創造主はたったひとつなのですから。

新宗教と呼ばれる新興宗教団体にはビジネス的な要素がふんだんに入っていますが、それ以上に私がこうした団体に違和感を持つのは、彼らが他の宗教・宗派を否定、攻撃する点です。その行動結果が何を生み出したか？　ここで説明しなくともわかると思います。他の宗教・宗派を否定する、まるで邪教みたいに扱う。信者の分離感を誘発することに終始し、本質的な幸福感、すなわち「すべての人はつながっている」という実感を抱くことには至りません。

最後の審判的な思想にも違和感があります。

神、創造主は、そんなに考え方の狭い存在なのか？　もっと広い心をお持ちなのではないのか？　彼が愛する相手は特定の宗教に加入した人間に限定するものなのか？

近年、日本でも定着しつつあるスピリチュアルという世界観も、こうした既存宗教団体の真似事をやるような人たちに利用されるようになりました。ビジネスになると踏んだのでしょう。最近はスピリチュアル絡みのトラブルという話をよく耳にします。

熱心にインターネット上などでアピールするスピリチュアル関連の組織は、霊能者やヒーラーと呼ばれる人、特殊な能力を持つと自称する人が神とつながることでファン（信者）に支持されるという、ちょっと緩い感じの疑似宗教コミュニティです。

コミュニティ内で結構なお金が動くこと、特殊な能力を持つと自称する人しか神とコミュニケーションをとれないことから、既存の宗教団体となんら変わりがありません。

霊能者やヒーラーたちは各地で開催する有料セミナーの他に、ブレスレットやパワーストーンや水といった商材で収益を発生させていますが、領収書の存在しない現金のやりとりや不明な商取引が大量に発生しているため、国税局と全国各地の税務署がチェックしているという情報も耳にしています。

どうせ道を説くなら、人々に自分をカリスマ視させて稼ぐといった残念な方向へと歩まず、**普段から皆が創造主やお互いとつながっていること、特殊な能力は皆が持っていること、何も不安視しなくていいこと、そんなプラスの共有感を説いてほしい**と感じます。

「神はどこにいる？」

これは私のクライアント関係者から聞いた話です。

その方がまだ幼い頃、教会系の幼稚園に通っていたそうですが、ある日、その方がお父さんから幼稚園の先生に聞いてきてほしいと頼まれたそうです。

「神はどこにいる？」

素直にお父さんに言われたとおり、先生に聞いたそうです。するとその質問に対して先生は答えないどころか、「お宅ではどんな教育をしているのか」と両親を呼び出して説教をしたそうです。その方はお父さんが変な質問を自分に申しつけたものだから、呼び出されたうえにお母さんまで怒られた、ひどい父親だと思っていたそうです。

ちょっと待ってください。それはしてはいけない質問ですか？

私に言わせると本質的ないい質問です。それに答えられないのは、宗教者として逆に変です。導く立場にあるのなら、神はどこにいるのかという質問に明確に答える義務があります。もし答えられないのなら、素直に「私もわかりません、一緒に探しませんか」と口にすべきではないでしょうか？

神というラベルを都合よく利用して、自らの金儲けや力を誇示するために使ってきた人々のメッキがはがれはじめました。だからといって彼らを執拗《しつよう》に攻撃するとか、社会的に孤立させようとは思いません。黙っていても時代が変わり、宗教の時代はやがて終わりを告げます。

一人ひとりが自由意思を与えられ、特定の価値観に左右されず、特定の人物や団体に帰依・依存することなく、**自らがすべてを創造しうる主体である、すなわち創造主そのもの**

であるという事実に、今、世界中の多くの人々が気づきはじめています。

何かを創造するためには、自分の内なる心に正直に、直感に正直に行動していくことが大切です。その人ならではのオリジナリティ、その人ならではの発想から、その人ならではのクリエイティビティが生まれます。

私たちは全員、それぞれ理由があってこの地上に転生しています。

そこで求められることは、それは他の人と比較することでもなければ、皆と競争することでもありません。他者から立派な評価を得ることでもありません。

その人がその人らしく、その存在を全うすることに尽きます。好きなこと、思ったことをやればいいわけで、今すぐ急いで何かしなきゃいけないということはないのです。

好きなように過ごすだけですが、これこそ宇宙の計画でもあるわけです。

当然ながら創造には自由意思が与えられていますから、いろいろなことを意識することができるわけですが、その意識したものを形にする、肉体をひとつの表現体とする、これこそが三次元世界で肉体を持っているがゆえの貴さ、ユニークさでもあります。

そんな肉体を「鎧《よろい》を身にまとう苦渋」と称する人もいますが、それは違います。

この次元に肉体を持って生まれてきた、転生してきたということは、肉体を持つ意味があるわけです。肉体が単なる鎧で動きにくく、ただやっかいなものであるのなら、特にこの次元に生まれてくる必要はありません。あっちの世界でエネルギー体として、いつまでもずっとゆったりとしていればいいわけです。

人は願いを実現するために生まれてきた

なぜここに生まれてきたのか。それは、自分の希望や願いを実現するためです。

今回の転生ではこういう肉体、すなわちこういう服を着ます、肉体という道具を使ってこういうことを表現したい、そういうシナリオがあるから現在のその肉体をまとって生まれているわけです。意味のないことはありません。すべてに固有の意味があります。

もちろん道具を重く感じるときがあるかもしれませんが、道具があってこそいい仕事ができるわけです。身体のメンテナンスは職人が道具をメンテナンスするのと同じです。

ちなみに私たちの本質は道具、つまり肉体ではありません。道具を自分自身だと誤解する方もときにいらっしゃるかもしれませんが、そうではありません。だからといって道具を粗末にしていいわけじゃありません。

大リーグで活躍を続けるイチロー選手は身体のメンテナンスをしっかりしているからこそ、芸術的なバッティングで大リーグ記録を樹立できたのは周知の事実です。

この次元での願いや希望の根底にあるもののひとつに、一人ひとりのスピリチュアリティ（霊性）における「目覚め」があります。

よく「霊性の向上」とネット上でも様々な専門家が発信していますが、向上という言葉は適当じゃない気がします。上を向くと書いて向上というわけですが、上とか下とかいうのは適当なのかなと。要はどこから見ているかで、上下が決まるからです。

私の基本スタンスは、**すべてのスピリットに上下の区別はなく、すべてのスピリットは平等**です。イエス・キリストも説いているように、私たちに上下の区別があるわけではありません。上下の区別をつけているのは、この次元の社会を構成している私たちの「感情」です。恐怖、嫉妬、羨望、どちらかと言えばマイナスのエネルギーに誘導されたものこそ、上下の区別だと思います。

しかし、目覚めというのはあります。目覚めをさらに厳密に言えば、すでに高い次元の意識に目覚めているという事実に気がつくこと、と言えるでしょう。私たちは自ら、その事実を勝手に封印しているのです。

例えば、小学生と大学生を二人並べて、さてどちらが貴い存在でしょうかと問うても、そこにはなんの意味もありません。小学生は小学生の段階で学んでいるものがあります し、大学生は大学生のレベルで学んでいるものがあります。

学びというのは、そこまでに積み重ねた知恵の重なり具合です。

知恵というのは知識と違い、自分が体験したものの積み重ねです。知恵、知識、それらを合わせた学び、そうしたことを**「経験する」ために、私たちは日々、肉体という道具をまとって生活しています**。

さらに霊性そのもの、つまり「皆つながっている存在である」という意識は誰もが等しく最初から持っているものでありながら、様々な事情で分離感を持つことによって、持っていることそのものを忘れているというわけです。

だから霊性の目覚め、霊性の思い出しということではあっても、霊性を向上させる、させないという話ではありません。霊性には輝きがありますが、これも皆が最初から持っているものであり、決して失われることもなく、それが曇ることもありません。

過去に縛られていない人が成功する

第1章で書きましたが、私たちが実在するのは今、つまり今生（現世）です。

その一方、普段生活をしていると過去や未来という言葉がそこかしこに登場しますし、過去や未来をめぐって議論するなど、人によっては強く意識しています。

そこには時間軸という存在があります。

一分間六十秒、一時間六十分、一日二十四時間、一年三百六十五日、こうした時間というものさしを、日々の生活を観測するという視点で入れると出てくるもの、それが過去、現在、未来という言葉です。

私自身、善悪二元論に立っていないのと同様、時間というものさしへの依存もありません。時間を完全否定するつもりはありませんが、このものさしに依存する必要もまったくないというのが私のスタンスです。

時間というものに依存することなく、それでも時間という考え方をたまに利用する、というか**時間を楽しむことができればいい**のでしょう。

この時間軸を入れたときにはじめて登場するのが、過去、現在、未来です。この三つはあるひとつの視点から見た言葉です。真ん中に現在をとった場合、左に行くと過去、右に行くと未来といった感じでしょうか。あるいはマイナスの方向に行くと過去、プラスの方向に行くと未来というような表現をする方もいます。「戻る」とか「進む」という言葉の代替として使用されることもあります。

そこでちょっと質問です。

その過去や未来が実在するのかと聞かれたら、皆さん、どう答えるのでしょうか？

昔のことなんて、全部覚えてはいませんよね。結構忘れたりしていませんか？ 都合のいいことだけ覚えていて、都合の悪いことにはふたをしていることも多く、そのうち本当に忘れてしまうような経験、ありませんか？

過去はきわめて曖昧な記憶の連鎖です。未来はきわめて漠然とした期待感、もしくは不安感にすぎません。するとと自分本来の実在感、存在価値を感じることができるのは、現在しかありません。ということは、大事なのは過去とか未来ではなく、現在の意識や行動ではないでしょうか？　過去を後悔したり、未来を憂うのではなく、もっと現在を大切にしたらどうですか？

「今の意識と行動の積み重ねが、素敵な未来を作っていくんですよ」とお話しするとほとんどの方がうなずきます。逆に、「今の意識と行動の積み重ねが、素敵な過去をも作っていくんですよ」と言っても、「何を言っているんですか、過去は変わらないに決まっているじゃないですか」と信じない人が大半です。この世界には、厳然と時間の流れがあり、過去のことは不変の事実として変わらないと思われている方は結構多いかもしれません。

しかし、これは本当でしょうか。私は質問をします。

時間軸を入れて、今現在を原点（０）とすると、そこから時間をプラス方向に進めたのが未来、そこからマイナス方向に進めたのが過去ということになります（次ページの図参照）。

あなたは、時間軸のプラス方向すなわち、右側については、今の意識と行動で未来が変わるということに同意するのに、その反対側の左側の過去については、今の意識と行動で変わらないと断言できるでしょうか？　未来と過去は、今という原点から見た場合、右と左だけの違いではないですか？

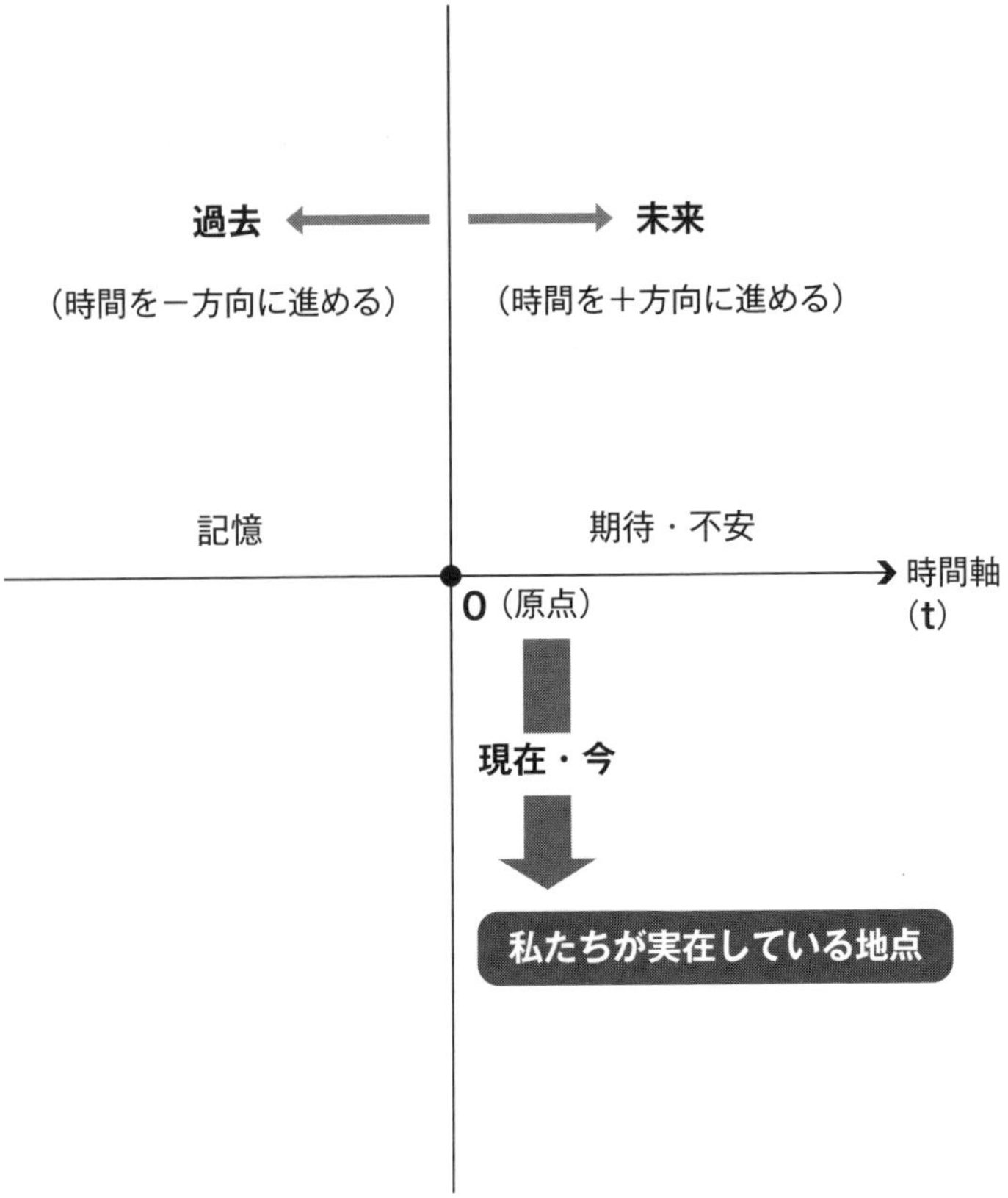
過去
未来
（時間を－方向に進める）
（時間を＋方向に進める）
記憶
期待・不安
時間軸
（t）
0（原点）
現在・今
私たちが実在している地点

実は、科学的な理論（セオリー）として、過去と現在と未来は同時に存在し、クモの巣の糸でつながっているように相互に影響し合い、常に変化している、という考え方があるのです。これを**並行現実（パラレル・ワールド）と呼びます**。『バック・トゥ・ザ・フューチャー』という映画をご覧になった方は結構多いと思いますが、この映画では、現在の意識や行動を変えることで、未来のストーリーが変わるだけではなく、過去のストーリーも変わることが表現されています。

皆さんがよくご存じの、世に言われる成功者、偉人、あるいは著名人と称される人々は、この真実に気がついた人たちかもしれません。**過去に縛られず、未来はもちろん、過去までも今の意識と行動によって、自由自在に創り変える力に気づいた方々**と言ってもよいかもしれません。

私自身は、時間軸を入れて観察することも、また時間軸を入れずに観察することもそれぞれ否定しない立場です。観察の視点をひとつに固定しないというポジションです。時間は様々な事象を表現するための「方便」とも考えます。

なお、魂の歩みに時間軸の視点を入れたときに登場するのが過去生（前世）や転生（輪廻転生）というステージですから、本書で過去生や転生などを説明する際には、私がそれを使って説明しようとしているのだとご理解ください。

死は怖いものではない

前世や来世というステージは、時間軸を中心とする視点に立ったときに出てくる「影のような存在」かもしれません。ちょっと不思議な存在です。

時間の流れがない世界はありません。それが「今（現在）」です。

今には時間がありません。どこまで進んだとしても、どっちの方向に進んだとしても、**すべては「今の連続」です**。そんな魂の歩みに対して時間軸を入れたもの、それが前世、現世、来世なのだと思います。

仏教で言うところの「無私・無我」という境地は、まさしく時間を超越した魂本来の姿に還《かえ》る超意識かもしれません。

その魂こそが私たちの本質ですが、魂は前世、現世、来世と移り変わったとしても、何ひとつ変わるものではありません。魂の本質は何も変化しないのです。

先ほどからたまに使用する転生（輪廻転生）、つまり生まれ変わりという視点も、時間軸で見た場合に出てくる存在です。

ときに死の恐怖に悩んでいる方が相談にいらっしゃいます。これは一般的な恐怖のひとつかもしれません。私はそのような方に、「死というのは怖いものではないですよ。たとえて言えば、服を脱いでお風呂に入るようなものですよ」と説明します。

「服を脱いで裸になってもあなたであることが変わりますか。きつい服を脱いでお風呂のお湯のなかでゆっくりするのはくつろげる時間ではないですか」と。**裸の自分が、魂（スピリット）であり、着ている服が肉体だ**という説明です。続けて言います。

「でもいつまでもお風呂に入っているわけではないですよね。しばらくするとお風呂から出て、身体をタオルで拭《ふ》いたらまた服を着ますよね。この服を着る際にも、例えば、日帰りの温泉に立ち寄った際など、さっき着ていた服をそのまま着るときもあれば、外で泥作業をしてきたあとのように、お風呂に入ったのをきっかけに新しい服に着替えることもありますよね。このさっき着ていた服をそのまま着るというのが朝起きるときの状態です。また、新しい服に着替えるというのが、『生まれ変わる』という状態です」と。

つまり**転生、生まれ変わりというのは、肉体という洋服をいろいろと着ては脱いでというのを繰り返しやってきた、その積み重ね**と説明できると思います。

そんな着脱の繰り返しのなかでも変わらないのが「今この瞬間」の意識です。

ときになんらかの事情で前世における痛みが残ることがありますが、そうであるのなら前世のその部分にフォーカスして、エネルギー調整すればいいのです。エネルギー調整の結果は、必ず今世にいい形で跳ね返ります。

要するに、時間的にも空間的にも、過去、現在、未来はつながっているわけです。前世に何かブロックがあるときにも同様で、今の意識と行動を変えることで、そのブロックをいかようにも調整することが可能です。

罪悪感にせよ、被害者意識にせよ、それらを持っている方はともに「過去に縛られている」状態です。過去を手放せないのです。どういう内容であれ、いつまでも過去にとらわれて苦しい思いをされているわけです。

その人が苦しい思いを続けたいのなら、それでもいいかもしれませんが、いろいろな人の相談を聴いていると、大半の方はこう言われます。

「この苦しみから解放されたい」

私は彼らにこう言います。忘れてしまってもいいんですよ、**過去のストーリーをキャンセルしてもいいですし、書き換えてもいい**んですよと。

過去というのは実在するものではなく、記憶のようなものと理解すると、記憶が不確かになったり、記憶が変化することがあるように、過去の出来事や事実をキャンセルしたり、自分が望むとおりに書き換えたりすることが可能だと理解しやすいかもしれません。

過去の書き換え方

例えば、子どものときに父親に繰り返し殴られたことが心の傷になっていたとします。自分の記憶として、父親に殴られたという記憶とそれに応じた被害者意識と心の傷があるわけです。その方にとっては、そのような記憶はリアルなものであり、その記憶と被害者意識に応じた身体の傷が残っていることもあります。

まずは、その子どものときの状況を理解してあげようとします。「つらかったね。本当は叩かれたくなかったけど、そのときの力では抵抗するのは難しかったよね。そのなかでよく辛抱したね」と。

このように、当時の記憶のなかの自分に語りかけることによって、その子どもの自分は、その当時の苦しさをわかってくれたということで、いわば成仏しやすくなります。これだけでも、心がだいぶ軽くなったりすることもあります。

そのうえで、今のあなたなら、このように逃げることができた、またはこのように反撃することができたと考えることができるでしょうから、そのようにストーリーを思い描き直してみます。

あるいは、本当は父親にこのようにやさしくしてほしかった、あるいは遊園地に行って、一緒にジェットコースターに乗りたかったなどと思っていたならば、そのように楽しいストーリーを自分でなるべくリアルに想像し、その想像に応じた感情を味わってみようと試みます。

そして、そのあとの出来事もその楽しいストーリーを前提に展開していくようにします。例えば、ジェットコースターに乗ったあと、遊園地のレストランで楽しく食事をし、お土産のおもちゃまで買ってもらった、と。

このように書くと何やら、空想をしろというのか、勝手な思い込みをしろというのかと思うかもしれません。

そうです。**自分の希望どおりに思い描き、空想してみればいい**のです。空想も繰り返すとだんだんリアルな感じになってきます。

　この**リアルな想いは、意識のエネルギーを生み出し、その現実化につながります**。最近、素敵な未来を創り出そうというノウハウとして、望む未来をできる限り明確にイメージしてみてください、と言われたりすることがありますが、この**イメージ発想法は、未来に対してだけではなく、過去に対しても有効な方法**なのです。

　そして、このような方法は、ある意味、通常考えられているより、リアルなものであり、過去のストーリーが書き換えられることによって、例えば、殴られて長年残っていたはずの身体の傷が、きれいに消えてしまうということもあります。記憶の書き換えにより、細胞の記憶も書き換えられたと言えるかもしれません。

　イエス・キリストが私たちに与えてくれた二つのギフトがあると言われます。ひとつは肉体死からの再生であり、もうひとつはキャンセルできるということです。

　かつてあの人に悪いことを言った、あの人を傷つけるような行動をとってしまった、そう気に病んでいるのなら、これまで延々と後悔しているのなら、私は人を傷つけなかったと意識ひとつで書き換えればいいのです。

　そんな都合のいいことをしてもいいのかと、大半の方は責めるように言います。ずるいじゃないかと。しかし私は、逆にこう質問します。

「あなたがそう過去を書き換えたときに、誰か困る人はいますか？　あなたが加害者じゃなくなりましたと心で宣言したときに、誰か困る人がいますか？」

いないのです。

同時に被害者もいなくなるわけですから。

思い出してください。

そもそも**潜在意識で皆つながった、たったひとつの存在です。許すも許さないもありません。**

誰かの笑顔につながるような言葉や行動に夢中になること。それが、私たちという魂がこの世に降りてきた最大の学びなのです。

第4章

魂の世界には争いなどない

肉体の家族と魂の家族

弁護士としての相談以外に、最近は心に関する相談を受けることも増えました。そういう方々のお話を聞いていると、意外と「親と自分との関係」から生まれたトラウマを抱えている方が多いことに気づきます。それが心の悩みとなり、ときには肉体的な病気として現われるわけです。

皆さんも大なり小なり、人生で一度は「家族とはなんなのか?」と考えたことがあるのではないでしょうか。身近で縁の深い関係である反面、ときに傷つけ合い、ストレスを受けるのも家族です。皆つながった存在ではあるけれど、この世界での家族は特殊な関係性を持っているのかもしれません。

家族には二種類あると思います。肉体の家族と魂の家族です。

私たちが様々な議論の話題にあげる家族は肉体の家族です。しかしながら私たちの存在の本質が肉体にあるのではなく、魂、スピリットにあるという事実に気づくとき、肉体という素材の提供こそが人生で一番重要なことではないのだと知ります。

つまり私たちという存在は生みの親に従属されるものではなく、スピリットの存在としてまったく独立しているわけです。兄弟姉妹という存在は、同じ仕立屋さんで同じ布で洋服を作るというイメージです。子どもが両親に似るのは、ＤＮＡという同じ素材、近い素材で作っているからです。

しかしその兄弟姉妹でまったく性格・性質が異なることもありがちです。同じ親から生まれているのに、なぜここまで違うのかと言われるわけですね。これは、**肉体という素材としては似ているけれど、本質であるスピリットという意識主体として私たちが皆独立した存在である**ことの証拠です。

私たちの本質は魂であり、魂はワンネスと表現されます。つまり元の魂は大きなひとつであり、そこからいろいろなテーマ、シナリオを抱えて出発した多くの魂（分魂）たちが、この世に転生して肉体の家族として誕生し、人生という限られた時間を一緒に生活しているのだと私は感じます。私たちは皆、元はひとつの魂の家族なのです。

現実の家族のことで悩みを抱えている方も多いと思いますが、ぶっちゃけて言うと、皆さんが考えるほど、肉体の家族は深いつながりではなかったりします。そもそも魂の歩みというのは、きわめて個人的なプロセスです。その航海の途上、どこかの魂と家族になったというイメージです。魂の歩みの途上、旅の一場面で同じ船に乗り合わせたメンバーというわけです。

家族といっても、生まれてから死ぬまでずっと同じメンバーでいるとは限りません。途中で入れ替えがあります。ここからこの場面までは同じ船に乗っているけれども、そこから別の場面では別の船に乗っているというわけです。

だからといって肉体の家族を粗末にしていいわけではなく、せっかく乗り合わせたのだからたくさん話をすればいいのではないかと思うわけです。親、兄弟姉妹との間にいろんな対話が生まれ、思い出に残ることもあります。良い旅の思い出になりますね。

旅のパートナーに**期待しすぎると残念に思いやすいですし、依存すると足の引っ張り合いになってしまいます。**

主役は自分ですから、たまたま乗り合わせてやりとりしているだけだという事実を忘れて入れ込んでしまうと、自分の旅の目的を見失うことになります。

これが「執着」の正体です。子どもを自分の所有物であると勘違いしてしまう親を支配するのが、この感情領域です。

出会いとはギフトであり至福です。こんなにありがたいものはありません。**当たり前の出会いはなく、すべての出会いには意味があり「有難い」もの**です。肉体の家族として誕生するにせよ、地球上、これだけの人口から組み合わせで選んでいるわけです。

親子や兄弟姉妹関係が、どうにもうまくいかないときもありますが、それは自分の魂の約束、相手の魂との約束を「忘れている」にすぎません。この世において、魂の約束以外のことはささいなことなのです。

男女という区別に執着しない

肉体の家族と離れて自分で新しい家族を持つ、これを世間では結婚と呼びます。

最近は結婚という形も本当にバラエティに富んでいます。籍を入れずに同居する、籍を入れているけれども別居する、ひと昔前なら眉をひそめたような状況も、夫婦パターンのひとつとして存在しています。ひとつ屋根の下で暮らしていれば夫婦、これは事実婚とも言われますが、それで夫婦と周知されます。

そもそもこの地上に夫婦とはこうでなければいけないという答えは存在しません。時代、国、民族の性質によって、こうあることが常識だとされました。その常識自体、特定の期間に限って通用する世の多数の意見という存在です。夫婦関係に限らず、男女関係にせよ恋愛関係にせよ、こうしなければならない、こうあるべきという答えがあるわけではないのです。

これとは別にもうひとつの、つまり魂という視点でスピリチュアルな意味での結婚ということになると、もっと高次元な議論になります。

その議論は、そもそも男女とは何かということです。

同性婚、つまり男と男が結婚する、女と女が結婚することを法律で認める国もありますし、これから増えると思います。普通は男女が結婚するという認識ですが、同性婚はこの認識をはるかに超えた発想です。そこで問われるのが、**そもそも男とは、女とは、なんなのか**という議論です。

私たちの存在の本質は何か？　それは魂です。魂をエネルギー体とすると、男とか女という認識は肉体レベルの区別にすぎません。本質的な違いではないわけです。今着ているジャケットの色がベージュか黒かという程度の違いです。先述した輪廻転生というサイクルでは、男だったり女だったりします。その時代時代でいろいろな洋服を着脱して楽しんでいるわけです。

私自身は今回の生で男として生まれてきましたが、男女という区別に執着する、世間が過度に騒ぎ立てることには違和感があります。

強くなりたいと極真空手の道場に通った時期もありました。そういう経験を踏まえて考えると、コンプレックスとかストレスとかトラウマとか、何か自分の内面で消化できずにモヤモヤしたものを抱えている人が、男女という区別に執着している気がするのです。

とはいうものの、人体メカニズムを考えると男性ホルモン、女性ホルモンという存在があることも否定できません。

男性エネルギー、女性エネルギーが、ホルモンという形で物質化しているわけですが、ホルモンの出方によって女性が男性っぽくなったり、男性が女性っぽくなったりすることも医学的な確認情報です。つまり人それぞれのなかに男性も女性も持っているということになります。

自分のなかで、**男性エネルギーと女性エネルギーがバランスよく手を結ぶこと。これがスピリチュアルな意味での結婚**です。

相手のいる結婚では様々な学びを経験することができますが、相手がいなければ結婚できないわけではありません。魂レベルの結婚とは、自分のなかでしっかりとバランスをとりあうものです。

自分のなかの男性エネルギー、女性エネルギーをしっかり発揮・表現することができ、自分のなかで結婚を果たし、さらに自分のパートナーが同じように両方のエネルギーを発揮してその人自身のなかで結婚を果たしているとすれば、魂レベルの結婚が見事に成就すると思います。

そんな二人は、別の次元で交わるときに素晴らしい創造ができるのかもしれませんね。

人に好意を持つこと自体が学びとなる

愛と恋（恋愛）は別物です。愛は無条件であり無償ですが、恋愛は条件つきの世界、見方によってはエゴ（偽我）の世界と言えるかもしれません。しかし、これはどちらがいいとか悪いとかという比較検討の話ではありません。

思うに、エゴを存分に体験してみるのも素敵なことだと思います。文豪ゲーテが結構年をとってからの話だと思いますが、ある女性を好きになってやりとりをしている際、「私は貴女のことを好きだ。しかし貴女が私のことを好きかどうかはまったく関係のない話だ」と言ったそうです。

ずいぶん身勝手な話ですよね。

でも例えばその結果、相手との関係が悪くなれば、その人はコミュニケーションの一端を学ぶことができます。

恋愛では強いエネルギーが出ます。

今だから笑って言えますが、若い頃、私は百発百中でフラれました。理由は簡単。とにかくいつも無理をしていたからです。自分をカッコ良く見せたかったわけです。カッコ良くもないのに無理をする、だからすぐに疲れちゃうのは当然です。

そもそも生来の恥ずかしがり屋で、女性の顔を正面から見ることができません。その結果、自然にふるまうことができず、いつも女性に対して不自然な対応でした。不自然な人はモテません。大学時代のあるときまでずっとそんな感じでした。

このままでは、自分はずっと女性とお付き合いすることはできないと思い、自分の殻を打ち破るため、自分を奮い立たせ、だめでもともと、見知らぬ女性に声をかけるということを試したりしました。

電車のなかで素敵だなと思うと声をかけたこともあります。どうせフラれてもその場限りと開き直ったわけです。

もちろん、結果はフラれることの連続でしたが、「習うより慣れろ」というとおり、徐々に自然なコミュニケーションをとれるように変わりました。

現状に完全に満足しているのであれば、その意識や行動の仕方を変える必要はないのかもしれませんが、逆に変化を求めたいというのであれば、まず自分の意識や行動を変えてみる、というのが早道かもしれません。

変化というのは、ときに勇気やエネルギーを必要としますが、試してみて、やっぱり前のほうが良かったと思えば、前のやり方に戻せばいいのです。**気軽にまた柔軟に自分の意識や行動を変化させてみるというのは、ときには現状を打開し、新たなステージに導かれるきっかけになる**と思います。

異性にフラれてしょげている、あるいはトラウマになっている方もいると思いますが、確かに今は悩みの種であり、自分を否定された気になって嫌な気分かもしれませんが、これもお互いの自由意思の発動という意味での大きな学びです。

恋愛はある意味、素直な感情が一番出やすい場面です。

今思うと、よくあんな恥ずかしい言葉を口に出したなとか、無茶な行動に出たなとか、その当時のときめきを思い出しながら、今のエネルギーに変換する原資です。

私たちの輪廻転生は、人を好きになることを重要な学びに位置づけています。人だけでなく動植物などに至るまで、**何かに好意を寄せることはそれ自体が学びであり、何よりもその気持ちが大切**です。

好きになったら自由に表現していいと思います。

もちろん、相手が嫌がるまでそれを続けることには、相手の自由意思に対する配慮という学びが出てくると思います。

なお、私自身は誰かと接する際、相手が男性なのか女性なのかという点に、今ではフォーカスしなくなりました。

事務所に様々なご相談で訪問される方の多くは女性であり、美しい女性も多数いらっしゃいますが、邪《よこしま》な気持ちを持つことはありません。私自身が女性という肉体、つまり「外側の服」に着目するのではなく、その人のスピリットの美しさ、魂の光を見出し、その部分とコミュニケーションをはかりたいと思っているからです。

肉体という名の魂がまとった服の美しさは承認しますが、その人の魂の美しさに意識を向けると、それが肉体の美しさをはるかに上回ることを実感します。

暗闇から生まれる恐怖感を解放する方法

古来、出会いは別れのはじまりとも言われます。

そもそも私たちの本質は魂ですから、魂が別れるということはないのですが、肉体という領域での別れ、つまりこの物質世界での肉体死は誰にも必ず訪れます。

そこで発生するのが喪失感、寂しさ、無力感であり、その根底にあるのは恐怖です。

愛する方や親しい友人が亡くなったとき、私たちは悲しみを抱きます。その人とはもう会えないのだという寂しさが全身をおおいます。それまではいろいろなやりとりができる相手だったにもかかわらず、これからはまったく反応がありません。このやりとりができないという部分が、誰にとっても一番つらいところでしょう。

様々な形での葬儀が営まれますが、こうした一連の手続きを経て皆が感じるもの、それが**「いつか自分もこの世から消えてしまう」という恐怖感**です。

その正体は、未知なるものへの恐怖感です。

ときに子どもは暗闇を怖がったりしますが、なぜ暗闇を怖がるのでしょうか。暗闇が怖いのは見えないからではないでしょうか。暗い部屋に恐怖で泣いていても、電気を灯して明るくなり、まわりが見えるようになった瞬間、恐怖がなくなったりするものです。

これは明るさによってまわりが見えるようになることにより、未知の恐怖から解放されたと言えると思います。

私たちのなかには暗闇への恐怖があります。暗闇では視覚が使えません。見えないというのは、視覚に頼って生きている生物にとって大きな恐怖です。生きていくうえでは、まず視覚で周囲の状況を察知し、様々な危険を防止してきた歴史があります。しかしながら、そんな暗闇も時間を置くことでうっすらと周囲の状況が見えるようになります。

これが「目が慣れる」ということですが、要するに暗闇はまったく見えないのではなく、慣れることで見えるようになる、理解できるようになるものでもあるのです。**目が慣**

れるという状況を、死後の世界、あの世を知る、それによって未知の恐怖から解放されると言ってもいいと思います。

私たちは恐怖のきっかけを主に外側から感じますが、恐怖は常に自分の内側から出ています。見えないと思っている、知らないと考えている、そうした自分の内側で湧き上がる怖れと対面したときに、逃げないで向き合うこと、つまり**肉体が滅びても魂レベルでは滅びないという事実を知ること**こそ、恐怖を克服するための第一歩です。

私自身、最後に恐怖を体験したのは、暗闇のなかでした。毎朝、ある山を散歩していたのですが、ある日、朝の散歩ができず、その分を夜にしようとして山に入ったときです。街灯の光も完全に遮られた暗闇を体験し、足を前に進めることができなくなりました。

毎朝、歩いていた場所ですから、目をつむっても歩けるなどと思っていたのですが、暗闇で見えないというだけで、立ちすくんでしまったのです。

そこで私は恐怖に襲われました。その恐怖はとてもシンプルで「ヘビが出てくるのではないか」という恐怖でした。朝散歩していた際に穴を見かけ、ヘビの穴かなと思っていたのかもしれません。私はひと呼吸を置いて、この恐怖はどこから来ているのかと自分の内に問いかけました。「自分の前には本当にヘビがいるのだろうか」。答えはノーでした。なぜなら、暗闇でそもそもヘビを認識すること自体、難しかったからです。

私は気がつきました。ヘビは**私の外側から来たものではなく、私の心のなかから出てきたもの**であると。

そのとき、私は先述したジャスムヒーンさんから教わった「愛の呼吸法」を試しました。息を吸うときに「アイアムラブ（私は愛する）」と言いながら吸い、息を吐くときに「アイラブ（私は愛です）」と言って吐きます。言葉、つまりマントラと一緒に呼吸する単純な呼吸法です。暗闇のなかでこの呼吸を繰り返しているうちに、自分の内側から光が放たれるのを感じました。自分の中心から湧き出た光でまわりが照らされ、明るくなったと感じ、同時に恐怖が消えたのです。とても素敵な体験でした。

亡くなった方ともテレパシーが通じる

私たちの身体は多層構造です。あの世を理解する前に、まずこの事実を理解するといいでしょう。

アントロポゾフィー（人智学）の創始者であり、現在も世界中で展開されているシュタイナー教育の祖であるルドルフ・シュタイナーは、私たちがまとっている肉体の上にはエーテル体という肉体の鋳型《いがた》のようなものが存在し、エーテル体の上にはアストラル体と呼ばれる感覚・感情を司るエネルギー体があり、アストラル体の上には霊的実体としての自我（自己）があると述べています。

このアストラル体が睡眠中に肉体やエーテル体から離脱してさまよう、すなわち次元を超越した旅をするのが夢と呼ばれる状態であり、その際、あの世と呼ばれる場所に行ったりするわけです。この場合のあの世はアストラル界と呼ばれることがあります。

私たちが寝ているときに、亡くなった身内や友人に会うとか、その声を聞いたとか、彼らが夢枕に立ったとか、そんな超常体験にも様々な表現がありますが、こういう妙にリアルな実感は「アストラル・トリップ」で発生した事象です。

この世はあの世では経験できないことが経験できます。

波動共鳴の原理上、**あの世では自分の周波数と合う人としか会いませんが、この世では自分の周波数に合う合わないは関係なく、様々な人との出会いがあります。**その出会いから快感も不快感も生まれます。

死後の世界というのも、ある意味、チューニング次第で見えるようになります。

チューニングとは周波数を特定のチャンネルに合わせる行為ですが、これができる人は世間から霊能者とか特殊能力者と言われます。

しかし特殊能力者でなくとも、私たちは皆、そういう能力があり、そういう能力があることを忘れているだけなのです。これは「視点を変えると見えないものが見える」という言葉でも言い換えられます。


亡くなったときに一番気になるのは、この世に残した家族でしょう。

その人はいなくなってしまった、もう会うことができない、抱きしめることができないと思うと無性に悲しくなり、寂しくなります。しかし意識を、発想をちょっと変えてみてください。あなた自身がこれまで持っていた常識という視点で見えないだけであり、**亡くなった人はそこに意識体として変わらず「在る」**わけです。

心を開いてコミュニケーションをしようと思えば、実はいくらでもできます。肉体的な目で見ようとすると見えないと思いますが、心の目というか自分の感覚で何かを感じようとするとき、肉体レベルではいないはずの人がそこにいる感覚をつかむことができます。ふと誰かのことが気になっているときに、その人物からメールや電話が届いたりしたことはありませんか？

これは波動が同期するシンクロ状態ですが、テレパシーが通じた状態とも言われます。テレパシーは量子のもつれによって生じた脳の相関活動であるという説もありますが、**生きている者同士だけではなく、肉体死した人の魂（エネルギー）とも相関活動が可能**なのではと私は感じています。

亡くなったはずの夫や妻、息子や娘がまだそこにいるような、何か自分をサポートしてくれているような印象を受け取ったことがある人もいると思いますが、彼らはそこに厳然と「在る」わけです。その印象を大事にしてください。ある瞬間、チャンネルが開かれるときがやってきます。

しかしせっかく自分がそう感じているのに、そんなはずがない、頭がおかしくなったのかもしれないと、その感覚を否定する方もいるでしょう。

否定するも肯定するも、すべてはその人の自由意思ですから、肯定してくださいと私から無理に提案することはありませんが、事実として語るとすれば、**亡くなってもその人の魂はすぐそばにあり、何も変わりません。**コミュニケーションしたければいくらでも方法があるのです。

死はあちらの世界から見ると「祝福」である

私たちが故人を偲《しの》ぶとき、亡くなった人にチャンネルを合わせたとき、当人たちはとても嬉しいそうです。

この世で長い時間を共に暮らしたメンバーです。**先に逝《い》った人は、残された家族には幸せに暮らしてほしい、笑顔で人生を全うしてほしい**のです。そして「私はここにいるよ」と見守りたいわけです。

だから、残された家族がいつまでも悲しみに暮れているのが耐えられません。

自分を愛してくれたのは嬉しいけれど、自分の死後もずっと悲しんでいるのはやりきれません。亡くなるまでの間には本人にしかわからない痛みやつらさがあると思いますが、肉体死するとそういうものから解放され、軽やかになっていますから、悲しまないで、私はこのとおり元気だよと言いたくなるのでしょう。

通常はそれが伝わりませんので、夢という舞台を借りて相手に伝えたりします。これも直接相手の夢に出てくるといいのですが、何かの理由でそれが難しい場合には、その方の家族の夢を借りて登場し、メッセージを伝えたりします。

死は向こうの世界から見ると「祝福」です。「お帰りなさい、よくやりましたね」という祝福ですが、その逆に誕生するという現象は向こうの世界では「（生まれ）落ちる」と言います。重い世界、重力のある世界に、周波数降下（低波動化、ロー・バイブレーション）が起きるわけです。

一時の間、わざわざ重い世界に行く相手に対して「よく志願して行きますね、つらい思いをするかもしれませんが、どうぞ気をつけて行ってらっしゃい」と涙で見送られたりするようです。**私たちの世界では人が死ぬと涙で見送りますが、向こうの世界ではそれが逆になる**わけです。

要はどちらに視点を据えるかということです。意識という視点を変えて見るとき、それまでと違った世界があるのかもしれないと思うと、感覚の幅が広がるかもしれません。

悩んだすえの自殺は、現実という舞台から下りれば自分が楽になるからという理由で試みる行為です。亡くなれば肉体は破壊されますが、悩みや苦しみを感じているのは、肉体ではなく心であり、悩みや苦しみの心は肉体が亡くなっても何も変わりません。

これ以上生きることに耐えられない、死ねば楽になると思って自殺した方にとって、自分が苦しんでいるという意識は何も変わりませんから、自分が死んだことに気づかないのです。

自殺してもスピリットが死んでいるわけではありません。肉体という名の洋服を脱ぐだけです。その意味では同じ世界に依然としているわけです。**自殺者の最大の苦しみは、自分が死んだと気がつかない点**です。死んだら楽になると思って死んでいるわけですが、死んでも心の苦しみは何も変わりません。

電車に飛び込む、マンションやビルから飛び降りる、手首を切る、すると自分はそれまでの苦痛から解放されると思うわけですが、悲しいかな、肉体を失ったという事実に気づきません。だから何度も同じ行為をするわけです。自分の状況を理解していないために、向こうの世界に戻れないわけです。これは地縛霊と呼ばれたりします。

何度やっても死ねないから、それはとてもつらいでしょう。

自殺者が新たな一歩を踏み出すためには自分の「状態」に気づく必要があります。ちなみに地縛霊という言葉には、地上に縛られているという意味のほかに、自らを縛っている（自縛）という別の意味があります。そして地縛霊は「自縛霊」と書くのが、実は正しいのではないかと感じます。

私たちは意識をどこにでも飛ばすことができます。肉体を失わずとも、意識の視点は自由に据えることが可能です。**さらに肉体を失えば意識はもっと自在です**。本来、意識は自由自在なのですが、それが縛られることがあるとすれば自分の意思によってのみ。左右されているのは自分の意思である、という事実に気がつくことが大切です。

ネットと同様に神様も「クラウド」である

近年、インターネットの発達で世界はガラッと変わりました。コミュニケーションの在り方もずいぶん変化したと思います。

世界規模のグローバル化を推進したインフラという意味で、インターネットはときどき相手の顔が見えないというマイナスの意味で使用されたりしますが、同時にそれは、私たちが「本来、つながっている存在である」という事実を具現化してくれた文明の利器だと思います。

私たちが感じがちな孤独感や分離感は、ネットでつながることでかなり解消されます。見知った人から見知らぬ人までがつながることで、逆に**ややこしい揉めごとが発生することもありますが、それをどう解決するのかも今回の生における学び**です。

インターネットの素晴らしい点は、それまで情報を管理・統治していた政府やマスメディアから国民・市民が「解放」された点です。近代憲法が最も価値を置いたのは情報の自由な流通でした。言論表現の自由という、日本国憲法では第二十一条で規定されていますが、情報の自由な流通という市民社会の規定は大きな価値を持ちます。それは自己実現、自己統治の実現へとつながるものです。

私たちの日常は、選択と行動の積み重ねとも言えるかもしれませんが、選択をするためには、通常、前提となる情報が必要です。情報の流通の確保はそのために重要であり、情報の流通が制限されているということは、前近代的であることを意味します。ワクチンを打つとか打たないという自己決定も選択の前提となる様々な情報があってはじめて選べるのです。

インターネットに代表されるように、情報は人を自由にする要素があり、情報に触れる機会を自分が主体的に得ること、すなわち**多くの選択肢を自分自身が積極的に得ることによって、今以上に自分が解放される**側面があります。その一方、情報がありすぎることで私たち自身が振り回されることにもなります。

例えば検索エンジンにキーワードを入れると、何百万、何千万という数の関連ウェブサイトがヒットします。そのキーワードに少しでも引っかかるウェブサイトがチェックされるわけですが、その大半は政府やマスメディアが発信した情報ではなく、一般市民が書いているブログ、フェイスブックなどのＳＮＳ（ソーシャル・ネットワーキング・サービス）、ツイッターなどです。

インターネットの素晴らしさは、それまで情報の一方的な受信者だった個人が、情報を主体的に発信できるようになった点です。個人の主張がインターネットでチェックしている他人に見てもらえるチャンスが生まれた点です。放送局やテレビカメラを持たなくても安価に表現・創造し、無料で自由に発信できる点は革命的です。ユーチューブが世界的な支持を受けているのもこの点にあります。

インターネットの発展は地球の霊的進化とリンクしています。

既存の組織や国家や企業の単なる構成員として自由度の少ない人生を送っていた私たちが、実は世界中の皆とつながっている自由自在な存在なのだという事実を知るための、格好の素材だったわけです。そこに私は宇宙の計画を感じます。

最近流行りのクラウドという言葉にも親しみを感じます。クラウドは雲という意味であり、これは巨大な仮想空間に無数の情報を置くことで、どこからでもアクセスできるという利便性を表わしています。

このクラウドの話をあるところでしたところ、「神様もクラウドだよ」と友人が言いました。神様とはいつ、いかなるときもつながっているのだと、どういうところからでもアクセスできるのだという話に私は納得しました。

本来、**自分の内側に神様はいます。神様なんていないのだと主張する人は、クラウド化しているコードが切れていると錯覚しているだけ**です。

内側の神様を「内在神」とも呼びますが、これは分霊とも呼ばれます。宇宙意識の一部であり、内在神同士はつながっているわけです。一人ひとりの意識は宇宙意識の一部であり、大いなる宇宙意識を共有している（ワンネス）とも言えるわけです。

私たちは転生コンペに合格したエリート

ワンネス、つまり大いなるひとつの魂という出発点から個々に転生した私たち「分魂」には、今生に出現する前に決めてきたテーマ、シナリオがあることはすでに述べました。

それは実にエレガントな事実だなと感激します。

胎児のときの記憶について研究されている池川明先生という方がいます。胎内記憶という言葉を広めた方です。池川先生が様々な調査をしたところ、この世に生まれる前、つまり肉体に入る前に、私たちは「今回の転生ではこういうことをやりたいと思います」という宣言とともに、具体的なストーリー、その青写真を描くそうです。**そのストーリーをやるために、この国、民族、親を選んで生まれる**というわけです。

その決めてきたストーリーが、その人のミッションです。会社で言うところの事業計画みたいなものでしょうか。

ちなみにスピリチュアル用語でもある転生という言葉を、ゲームコンテンツなどの影響もあって今では多くの人がカジュアルに使っていますが、実際の転生はかなり倍率が高いと聞いています。

転生したい、肉体を持ちたいと思っても、肉体という洋服には限りがあります。親にも受精卵にも限りがあります。そのときの競争率が卵子と精子に象徴されるそうです。

女性の体内で射精が行なわれ、ものすごい数の精子がひとつの卵子を目指して泳ぐ、その結果として受精卵が誕生します。精子は魂の象徴であり、卵子は肉体の象徴です。受精卵が卵割を繰り返して細胞分裂し、次第に肉体へと変化を遂げます。

卵子にたどり着くというのはすごい倍率の競争らしいのです。

だから私たちは、実は**生まれているだけでエリート中のエリート**だということになります。**エリート中のエリートなのに、なんだか劣等感を持ち、自分は何をやってもダメなどと口にするのは大きな誤解**ですね。

魂の段階で「実は今回、こういうミッションをやりたいと思います」という、いわばコンペみたいなことがあるのかもしれません。それに対して「そのプランは面白いね、じゃあ行ってくれば」という決定がなされているのではという、あくまでも想像です。

おそらく志願することは誰にでも自由にできるのだと思いますが、さて今回は誰が行くのかという段階になると自分だけでは決められないでしょうから、コンペみたいなことをやっているのかもしれません。

プランがつまらないからあなたは無理です、ということはないと思います。というか、こういうプランをやりたいから行きたいと手をあげている状況でしょう。


具体的にあの世をつぶさに観察してきたわけじゃありませんが、私の場合、ちょっと不思議な能力、というかやり方があります。

例えば何か質問がある際、それがなんなのかと意識をフォーカスすると、それに関する情報がスッとダウンロードされる感じです。ハイヤーセルフ（高次の自己）がサポートしてくれているのだと思います。リアルな映像を見せられたりします。

よく能力者の方々が口にされる「上から下りてくる」という感じではなく、フォーカスした瞬間、**知っていない状態から「知っている状態」へと脳のハードディスクがジャンプする感覚**です。

このあたりの表現はちょっと難しいかもしれません。そこで見せられた映像をなんとか言語にして伝えているわけです。

ハプニングは人生に彩りを添える

先ほどのコンペの話ですが、転生してこういうことをやってみたいという人もいれば、手をあげない人もいるのではないかという気がします。皆が皆、我先に手をあげているわけではないでしょう。あげない人のなかには、もう少し向こうの世界で休みたいという人もいるわけです。

当然ですが、そういう人はこちらの世界には転生してきません。ゆっくり休みたいわけですから。しかし快適な世界でずっと休んでいるうちに、結構休んだな、そろそろ退屈だなと腰を上げるのではないでしょうか。そろそろ刺激が欲しいぞと。この世界には絶対にないようなものが欲しいと思うわけです。

肉体を持っていればこその体験というのがあります。**あちらの世界には、負の感情、嫉妬も羨望もなければ憎しみや恨みや怒りもありません。**波動共鳴の原理が作用するなか、自分と周波数の合う人、気の合う人とばかりずっと一緒にいることは、とても快適である一方、次第に退屈になるでしょう。

そういうタイミングで手をあげるという、ちょっと軽い感じですが、**転生するチャンスは皆に平等に与えられている**というだけで、どのタイミングでいつ行くか、どこに行くのかといった具体的な状況は、そのときにならないと確定しないと思います。

電車に乗るときの状況を思い出していただくと、それが理解できると思います。

ホームで皆並んで待っていますが、いきなり列に割り込んでくる人もいれば、自分の前に並んでいた人の歩みが遅かったり、やむなく別の車両へ乗り込んだりといろいろです。

転生のイメージとしてはそんな感じです。

生まれる前に立ててきたプランとはいえ、ときにはハプニングもあります。この年齢でこういう人と恋愛結婚するシナリオだったのに、別の人と別のタイミングで結婚するとか。こういう仕事をしようと考えていたけれど、あるきっかけで別の仕事に従事して結構な年数が経つとか。自分が立てた事前プランとは違うけれど、そうしたハプニングが人生に彩りを添えてくれることもあるのです。

思うに、**人生の詳細なエピソードは事前に立てたプランと多少違っていても、今生の大きなテーマの達成を目指せばいい**のではないでしょうか。

これがもし他人の立てたプランだとすると、その人生は強制になってしまいます。そこには義務感しか存在しません。私たちには自由意思の尊重がありますから、何事も自分が決めてそれを実行することが大切だと思います。

この世に失敗なんてない

ミッション、使命というと確かに聞こえはいいですが、私たちは今生に生まれ落ちる瞬間、自分が立てた人生の計画や使命を忘れます。

ある意味、それは模範解答です。

入学試験のテスト用紙と解答を事前に入手することは許されないことですね。それは不正であり、不正には学びがありません。

学びのないことをやるために生まれ落ちるなんていうことにはまったく意味がありません。だからテスト用紙や模範解答をいったん忘れ、暗中模索しながら、ときにはのたうちまわりながら、手探りでつかみ、なんとかやり遂げる、そのプロセスにこそ学びが存在します。

苦しんだとしても、こんなに素敵なことはないと思います。

自分が立てたミッションを見つけようとあせる必要もまったくありません。

というのも、**ミッションから大きく外れるようなことをやろうとすると、引き戻されたり、失敗したりすることが多い**そうです。そこには私たちが感知できない、何か大きなパワーが作用するのでしょう。

うまくいかないときには、そこで無理にどうにかしようとするのではなく、少し待ったほうがいいなどと言います。押してもダメなら引いてみな、という言葉もあります。

自分が何かやりたいことがあるのなら、まず自分の内側に聞いてみましょう。これは宇宙から与えられているミッションなのかどうかと。

そしてときにはミッションかどうかなんてガチガチに考えず、とりあえずやってみるのも手かもしれません。

頭で考えすぎると行動範囲が狭くなります。とりあえずやってみて、ダメだったらダメでいい。要は動くことが大事です。「運動」という言葉がありますが、「動は運を生ず」という意味があります。

その体験が「生きた実感」という学びへと変化します。

どれが失敗とか、どれが成功ということはありません。**失敗も成功もすべて体験です。据える視点によっては、どれも成功と言える**かもしれません。

動くということは何かが起こるわけです。何かが起こるということは、あなた自身が何かを体験するわけですね。その体験したことが知恵になります。すなわち、知識に体験が伴うと知恵になります。

頭でああだ、こうだといくら考えても、それは知識にすぎません。

せっかく転生コンペを通過して肉体を与えられているわけですから、肉体という道具を使っていろいろな体験をしてみるのは素敵なことではないでしょうか。

第5章

争う前に内なる声を聞け

地道に生きている自分を好きになろう

自分が嫌いでしかたない、同時に他人も愛せない、こういう方が、では本当に自分を愛することができないのかというと、それは妄想だと思います。できない、無理だと思い込んでいるだけで、本当にできないわけじゃないのです。

これが「制限思考」の落とし穴と言えるかもしれません。

自分のことが嫌いで愛することができないという状態は、単に嫌い、愛さないという選択をしているだけです。しかしそういう事態に陥った理由もあるわけで、それらがすべて妄想だったとしても、妄想を持つなりの理由があるのです。

なぜ自分を愛せないのか?

なぜ自分を許せないのか?

なぜ自分を認められないのか?

この作業を自身で淡々と進めてみてください。一人でいるときで結構ですので、その質問と答えを口に出してみてください。正直にやってみましょう。普段、内心で思っているときは自覚しなくても、口に出して自問自答していると、自分がそんなふうに感じていたのかと赤裸々な事実を理解することができます。

ここで注意してほしいのは、自分のなかから出てきた理由を「悪いことである」と自分で裁いてしまうことです。裁いてしまうとその時点で終わってしまうことも多いのです。その評価が独り歩きし、あなた自身のなかでは何も変わらないまま、もしくは以前よりも悪い精神状態へと変質してしまいます。

淡々としゃべってみると、意外と気づきがあるものです。

その気づきのなかには「自分と親との関係」が出てくることも多いでしょう。周囲からどう見られたいかという相対評価の根底にあるのは、幼い頃からずっと今日まで、自分が親から刷り込まれた意識です。

普通に生活していると、その点に意外と気づきません。なぜ、なぜ、と原因を探っていくことではじめて根本的な原因を発見します。そして**根本にあるその原因を除去することで結果は変わります。**

私の事務所にコーヒーを飲みにきてくださる方のなかに、ある大手企業のコンサルタン

トをしている方がいらっしゃるのですが、その方が話してくれた興味深い事例がありま
す。採用面接で質問事項などを用意して受験者にいろいろと書かせるわけですが、最後に
「親は好きですか？」という質問項目があるそうです。

その方いわく、「最後の質問だけ見ればいい」そうです。**私は親を尊敬している、親に
感謝できると素直に書いている人を採れば、大体間違いない**そうです。

すると受験者に裏を読まれたりしないのかという疑念が湧くかもしれませんが、親のこ
とを嫌いであるとか、何か複雑な思いがあると、うまく書けないようです。

自分を愛せないのに「他人を愛しなさい、利他の心が大事ですよ」と言っても無理な話
です。地道に生きている自分を好きになろう、**どんな状況にある自分でも、性格や容姿が
どんなに嫌いでも、自分を承認してください**。シナリオを作成し転生を選んだ自分、テー
マを作ってその実現を目指して生まれ落ちた自分を認めること。まずはここです。

病気を治すには意識をシフトさせればいい

人間関係におけるトラブルは、その相手とではなく、実は別の人物との関係に問題があ

ることが多々あります。表現の仕方によっては鏡の法則とも言われますが、これは感情的なもつれ、自分のなかに巣食うわだかまりが残ったことで、そのエネルギーが別の人間関係に影響を与えてしまう現象です。

職場の上司とどうもうまくやれない、なぜなのかと考えてみたところ、実は悩んでいる人自身の父親との関係がうまくいっていないことが原因だったりします。先ほど相対評価の根本的な部分が、親から刷り込まれた意識であると言いましたが、私たちが成長していくにつれて**自分と自分の周囲で発生する人間関係のもつれのほとんどが、自分と親との関係に起因する**ものと言っても過言ではありません。

親との関係改善に対して「今後、努力します」と真面目な方ほど口にされますが、こういう問題は先延ばしにするようなものではありません。そしてこういう真面目な方ほど、潜在意識下で自分を愛せない方でもあるのです。

そこで私から、簡単なやりとりをさせていただきます。

「あなたは今、自分のことを愛せないと言いました。で、あなたは今、幸せですか？」

「幸せなわけがないでしょう」

「だったら、やり方を変えてみたらどうですか？」

「やり方？」

「そうです。現状、至福を感じていないのなら、今すぐ意識の持ち方と行動パターンを変えてみたらどうですか？　意識や行動を変えると体験が変わります。これまでと違う種類の気づきや知恵が生まれますよ。『よりいい加減』というのでしょうか」

「なるほど……」

「今後ずっと『自分を愛せない』というシナリオを続けたいのなら、話は別ですが」

その状況をやりたいのか、やりたくないのか。自分を愛さない、好きにならないということを、どこまでもやりたいのなら、どうぞとことんやってください。

要はそういうことです。

カウンセリングをする際には、その方の幼少期から現在までをお尋ねします。幼稚園・保育園の頃はどうでしたか、小学校、中学校、高校、あるいは短大や大学の頃は、どうでしたか？　すると「小学校の頃は毎日が楽しかった、自分が好きだった」「高校の頃は人生で一番輝いていた」などと、人によっていろいろ出てきます。

そんな話をしていると、あるときから状況が変わることに気づきます。

「その前後に何かありませんでしたか？」

「そういえば……」

何か必ず理由があります。


病気も同じです。現代医学で難病と言われて医師に見放された方で、他のことをやって病気が治った方は世界中に大勢います。

「手が動かないのですよ」という人がいるとします。いつからですか、その前後に何かありませんでしたかと尋ねます。原因があればそれを除去してしまえばいいわけです。三年前からだという答えであれば、手が自由に動いた三年前に戻ればいい、**つまりその人の意識をガラッと変えてしまえばいい**のです。これは難しい、無理だなと思えば、難しくて無理な現実がそのまま生み出されます。

国民病などと称されるがんも同じです。がんになったのが三年前だとしても、三年前はがんじゃなかったわけです。とはいえ、すぐに三年前の状況に意識をシフトするのは難しくても、徐々にその当時へと意識を戻すことで腫瘍《しゅよう》の増殖を止めることは可能です。つまりがん細胞が減少する方向へと意識状況を変えてしまえばいいのです。そもそも腫瘍だって徐々に大きくなったのですから。

薬や医師があなたをどうにかしてくれるわけじゃありません。

すべては自分の意識が、いいも悪いもその状況を作り出しているのです。

幸せの「基準」を他人に置かない

周囲の期待に応えようと意識的に行動すると、ときに苦しむ結果を招きます。

「なぜ人の期待に応えたいと思うのですか？　いつからですか？」

こういう質問をすると、大半の方が自分自身で、周囲の期待に応えて当たり前だと思い込んでいる事実に気がつきます。

人の期待に応えたいと思う気持ちは「自己価値観の不足」に由来する感情です。自分は存在するだけで尊いのだという実感が持てないから、自分には価値がないと勝手に思っている状態です。

だから誰か他人の期待に応えることで、つまり人の役に立つことによって自己価値の不足分を補おうとしているわけです。

これは先ほどの「自分を愛せない」ということにもつながります。

同じ部署のあの人は、同じクラスのあの人は、能力を発揮して周囲を助けている、そして周囲からも感謝されている、羨ましい、すごいなと。

それに比べて自分は、何か特別な能力があるわけじゃないし、周囲の役にも立てていない、ダメだなと。自分を愛せない理由は様々ですが、常に誰かと「価値を比較」せずにいられない自分がそこにいます。

期待に応えようとして自分を見失う、自分に妙なストレスがかかる、実にもったいない話ですね。

会社の上層部の期待に応えようとして、法や倫理に背《そむ》き、不正を犯す行為をした結果、逆に会社から罪を背負わされることもあります。その結果、うつ病になったり、会社に行けなくなったり、家庭が崩壊したり、自殺したりと、楽しい結果はありません。

幸せの「基準」を他人に置いている状態では、心の平穏は得られません。

他人の評価や気持ちはコロコロと変わります。魂と違い、心とはそういうものです。他人はあなたのことを考えて生きているわけではありません。そんな他人を生きる拠《よ》り所にしてしまっては、不安定この上ないわけです。

しかしながら、それでも他人に寄りかかりたくなるには理由があります。

それが「愛情の欠乏感」です。


親に褒められた経験があまりない人は、自己価値観が不足がちです。

自分にはあまり価値がないと思い込んでしまう傾向が強いです。長男とか長女という立場の方は理解が早いと思いますが、下に弟や妹ができると親の愛情は下の子どもへと向かいます。「あなたはお兄ちゃん（お姉ちゃん）だから、我慢しなさい」と。

私の妻は四人姉妹の長女です。その昔は生活に苦労していたようで、お母さんが夜も寝ずに働いていたそうです。夜、電気を節約しながらロウソクの灯りで仕事をされていて、ウトウトして髪の毛に火が燃え移ったというエピソードも聞きました。当時、妻はもっと甘えたかったけれど、下に妹たちが生まれちゃうと甘えようがありません。お母さんがおっぱいをあげているときに割り込むことは許されません。

本当はもっと甘えたい、無理を言いたい、駄々をこねたいわけです。「お母さん、私にしてよ、私をかわいがってよ」と大声で言いたいけれど、家の事情がわかるとよけいに言えないわけです。そこで自分なりの「勝手な理屈」が生まれます。よくあるパターンが、妹のほうがかわいいから私は愛されないのだ、というものです。

でも、よく考えてみてください。親にしてみれば最初の子どもであり、待望の子どもだったわけです。下に兄弟姉妹がいようと、最初の子は最初の子でかわいがられているはずです。しかし物心ついた頃には年下の兄弟姉妹がいることから、自分自身がかわいがられた経験を忘れてしまうのです。

私自身も二人の男の子の親ですからわかりますが、一人目というのははじめてであり、なかなかやり方がわかりません。子育てを一生懸命やろうとすると、結果として厳しくなっちゃうわけです。この子のためにという思いが強すぎると、つい厳しくなってしまうのです。しかし二番目以降の子どもは、ある意味で慣れますから、肩の力が抜けた状態で子育てできるようになります。

自分の嫌いな部分を抱きしめる

『天才バカボン』に画期的な台詞があります。

「これでいいのだ」

赤塚不二夫さんは本当に天才だと思います。今の自分、無理をしないありのままの自分を、しっかりと認めようというわけです。

会社の上層部に気に入られたい一心で不正に手を染めて自分を崩壊させる話はしましたが、こういう意識行動をとってしまう方は、そのほとんどが真面目な方です。いい加減な人間はそもそも適当に生きていますから、残念な結果にならなくてすみます。**もっと会社に貢献したい、もっと自分を向上させたい、ときにはこういう意識が苦しみの原因へと変わる**こともあります。

もっと向上したいということは「今の自分」を認めていないということです。自分がこうなったら、ここまでいったら許そう、こうなったら認めよう、そう思っているわけですね。その意識は裏を返すと傲慢《ごうまん》です。「今の状況が自分そのものである」という事実を認めたくないわけです。自分はこんな場所にいる人間ではない、もっと高いレベルの存在だと、どこかで思い込んでいるわけです。

自分のことを完璧に好きな人は少ないかもしれません。ほとんどの人には、口にするかしないかの違いだけで、自分の嫌いな部分・気質があります。

しかし、それが自分の一部として存在するということに何か意味があるのではないか、それ自体が宇宙の計画ではないかと考えてください。

良し悪しのラベル貼りをやめ、**あなたが嫌っているその部分をそのままハグする、抱きしめてあげてください**。「ありがとう、これまでごめんね」と呼びかけてください。

すると、それまで「これは本来の自分ではない」と拒否していた部分が自分に再統合され、何をするにしても百パーセントの力を発揮することができるようになります。

自分自身というのは奇跡の存在です。誕生から現在の日常生活に至るまで、様々な現象がものすごい確率で重なり続けて、その結果、はじめて成立する存在です。

この世のすべての出来事は事象の重なり、つまり偶然の連続性の果てに誕生するものですが、それは偶然に見える「必然」と解釈していいと思います。

人とのつながり、自分が今ある状況、それが「なぜ起きたのか」ということを考えて、一つひとつの要素をたどると、それがよく理解できます。それはまさに因果律であり、奇跡の連続です。

「皆言っている」に惑わされるな

ちなみに私自身は、身のまわりに起きる状況を「ありがたい必然」ととらえていますが、逆にこれを「素敵な偶然ですね」と解釈されても怒ることはありません。

そこは自由意思の尊重です。必然と思うことで解放的な気分になる人もいれば、偶然と思うことで安心する人もいます。

どちらでもいいから、**自分が気持ち良く思える方向で考えればいい**のです。

コインには両面がありますね。表と裏と、どちらが正しいのかではなく、どちらも正しいじゃないですかと。どちらでも自分が好きなほうを選べばいいわけです。

とはいえ、何かに執着する人も多いでしょう。

考え方や在り方に固執し、言い方は悪いかもしれませんが、そこにしがみついている状態が執着です。ギャンブルがいい例です。

多くの相談事や打ち合わせをするなか、相手とある程度の時間を一緒にいると、その人のこだわりや執着が見えてきます。執着が悪いと言っているわけではありません。執着する、というのもひとつの選択ですので、執着したければどうぞ、ただそういう気持ちです。冷たい気持ちで言うのではなく、すべては自由意思に基づく選択ですし、その方の選択も意味があることですので、その相手と選択について敬意と信頼を持ちたいと思います。

嗜好品やギャンブル、例えばタバコでもお酒でもパチンコでも、ハマることで快楽が得られるなら好きにやればいいのです。

周囲がやめろと言えば言うほど当人のストレス度合いは上がります。その方がそれにハマるというのも、それ相応の理由があるのです。

そしてその執着に飽きたら、今度は手放してみるという選択肢もありますよと。執着をするというのもそれなりの喜びがあるかもしれませんが、**執着を手放したときの素晴らしい解放感は、味わった者にしかわかりません**。

執着は各人が持っている「視点」にも存在します。

ネガティブとかポジティブという二元論的な思考には、いわゆる「こうでなきゃいけないのだ」という思想へ誘導するトラップ（罠）があります。

人間はネガティブにもポジティブにもなります。どちらもあっていいのです。それぞれに感情としての役割があります。

そこで頻発する言葉に **「皆言っている」とか「皆やっている」というのがあります。この皆という言葉が出たら妄想だと思ってください。** 地球上の人口は七十億人を突破したそうですが、そのすべてが言っている、やっていることを確認したわけではないはずです。単にその人の周囲にそういう方が数名いる程度の小さな話がほとんどです。

先入観をなくすという作業は、意外と大変な作業です。

年齢が上に行けば行くほど、先入観を消して考える、先入観なしで物事を見ることが難しくなります。長い時間、刷り込みと思い込みの連鎖に、私たちが身を浸しているからです。

嫌な状況から逃げると必ず追いかけてくる

あんなやつはこの世から消えちゃえばいいのに、異動・降格させられればいいのに、そんな気持ちで会社生活を送っている方もいるでしょう。

しかしながら、そこに自分の意識をフォーカスすればするほど、逆効果です。その人物は消えませんし、異動も降格もしません。むしろこれまで以上にあなたに過干渉することになります。不思議ですね。そしてときおり、その嫌な相手のなかに自分と同じ面が見えたりします。見えるとまた嫌になりますよね。

その相手は、ひょっとしたらあなた自身かもしれません。もちろん全面的にあなたではないにせよ、あなたが自身で嫌だなと思っている性格や気質が、その相手と似ていることがあるかもしれません。つまり**「嫌な自分自身」を相手に投影している**わけです。

人生において嫌な状況に出会ったときに必ず思い出してほしいことがあります。それは「どんな状況にもメッセージがある」ということです。

転生前のシナリオの話はすでにしました。

皆が引き受けたくない「嫌われ役」をわざわざ引き受けてくれた人物がいるわけです。あなたと転生前に交わした約束を守るためにその状況で来てくれるわけです。例えば**「この世から消えちゃえばいいのに」と憎しみを込めて恨まれるために、その人物は人生のある時点で突然登場します**。

その状況を嫌だなと、いつまでもノーだと言っていると、シナリオ上のメッセージを伝える立場からすると、その人物はそこに「居続ける必要」があるわけです。

あなたがとるべき態度は、**どんな状況であれ嫌がらずその状況を淡々と「見ること」です**。それらを別にあなたの内側に入れる必要はなく、あなた自身を取り巻く状況をまるで俯瞰《ふかん》するかのように、ただ見ればいいわけです。

そのうちにその人物は役目を終えて、あなたとの交流がなくなります。あなたの苦悩が終わると同時に、その人も解放してあげられるわけです。

状況に対して自分がノーを出していると、その人物は居続ける必要があると述べましたが、もうひとつ、それに関連して大切なことがあります。

それは、職場でも家庭でも友人関係でも、どこかの場面で自分にとって嫌なことが降りかかってきたときにそこから逃げていると、その災難は形を変えながら、その後もどこかで必ず再発します。同じ人物ではなく、違う人物に形を変えて登場するというわけです。

「課題（テーマ）が追いかけてくる」

古来、言われ続けているこの言葉は生きています。私たちは人生の課題を決めて転生していますから、目の前の課題にはその場で勇気を持って向き合うのが近道です。

先ほどの「見ること」ですが、これは宗教上の神聖な行為であるという視点があります。見ることによって対象へのとらわれから外れることができるからです。怒りや悲しみにとらわれている人は、自分が怒っている、悲しんでいる状況に気づくことができません。怒りや悲しみと一体になっているために見ることが難しいわけです。

距離を置いてはじめて、現象の輪郭や本質が見えるわけですね。現象をしっかり見ようと思えば、そこにある程度の距離が生まれます。主体的に見ようとする意識によって、距離が生じてくるのです。そしてそれを見尽くしたら必要がなくなりますから、すべてを解放することができるのです。

私たちの意識にも作用・反作用に似た力が働きます。

見たくないと思えば思うほど、見たいというパワーが対象へと向かいます。見たくないという意識が集合、強い結びつきになっていくわけです。逆にしっかりと見れば、作用・反作用ですから、対象に逆の力が働いて消えることになります。

自分の意識をどこに向けているのか？

私たちは日々、その選択を委ねられています。自分が何を意識し、どう行動するか、そこを問われているわけです。

以前は自分が何かを意識した際、それが現実化するまでには時間的な間隔がありましたから、反省もできました。相手に恨みの想念を飛ばしても、それが相手に届いて自分に跳ね返ってくるまで、多少のタイムロスがあったので反省することができました。反省して、例えば相手が実は自分にとっての気づきの存在だった、「ありがとう」と感謝の想念を送り直す作業が十分可能でした。

しかしその間隔が年々縮まっています。**想念は即座に自分へと跳ね返ってきます**。反省するチャンスが以前と比べて少なくなっている気がするのです。

結果がすぐに出るということは個人の責任が大きくなるということ。何に意識を向けるのか、気にするのか気にしないかということは、その人が何を創造したいのかという点と密接です。

親子であれスピリットに上下はない

親である方々、特に若いお母さんたちからよく耳にするのは、子育てがわからない、子育てがつらく苦しいという声です。私も妻もいろいろな経験をしました。だから悩む気持ちはよくわかります。

この問題を解決するための一番のポイントは、**子どもは自分の持ち物ではないという事実を明確に理解する**ことでしょう。

転生の仕組みを考えるとわかりますが、すべての子どもはご縁があって自分のところに来てくれています。親の所有物としてそこにいるわけじゃありません。母親が苦労してお腹を痛めて出産する形式をとってはいますが、母親の所有物ではありません。

すべての子どもは独立した人格の主体です。

自分が果たせなかった夢を子どもに託すという親がいますね。受験、スポーツ、職業、生活スタイル、結婚、子育て、マイホーム……、こんなふうにしなさい、こんなふうになってくれたらお母さんは嬉しい、お父さんはそうしてくれたらいい……そんな感情こそ親が子どもの主体性を無視して私物化した状態です。

自分の人生でやれなかったから子どもに託そうなどという感情は、子どもにとって大きなお世話なだけです。

「それってあなたの人生であなたがやりたかったことではないですか？　私は別のシナリオを書いて転生しているわけですから、どうか邪魔しないでください」

子どもがはっきりそう言えればいいのですが、それはまた難しいわけです。嫌々ながらも、子どもは親の期待に応えようと無理しはじめます。これが**「親の呪縛」という名の最大のストレス**です。

先生の期待に応えようという方向性も生まれます。スポーツの世界に多いですね。親であれ先生であれ、大人の期待に応えようとする方向性は、本人のシナリオが無視された不健康な状態だと言わざるをえません。

親たちの大半は、生後まもなく自分では何もできない状況からずっとその子の世話をしてきたのだ、という優位性に満ちた意識から、子どもは親の言うことを聞いて当然という感情が芽生えているのだと思います。

確かに赤ん坊や幼い子どもは、親が世話をしてあげないと何もできないように見えるかもしれません。でもそれは肉体的な稼働面で不自由なだけであり、意識主体、人格主体として独立している事実にはなんら変わりはありません。

あなたのお子さんの目をよく見てください。あなたが理不尽な叱り方をしたときに、強くて凛《りん》とした眼差《まな》しをすることがありませんか？　単に憎くてにらんでいるのではありません。意識主体としての自分を否定されたことから、彼ら自身の転生シナリオをなぜ理解してくれないのかと訴えているのです。

スピリットという視点から見ると、**スピリットに上下の区別はありません。あなたの子どもであっても、あなたより下であるという理由にはなりません。**日本では二十歳で成人してやっと大人の仲間入りなんて言いますが、本当のことを言えば、オギャアと生まれ落ちた時点でこの世界にいる大人と同じスピリットを持っているわけです。

「あなたの（人生を生きる）ために生まれたわけじゃない」

子どもが発するこの言葉は、まさに正しいのです。

親の一番重要な役割は見守ること

誤解を恐れずに申し上げると、特に若いお母さんたちのなかには、自分の子どもをアクセサリー的に見ている傾向があります。危なっかしいという点は否めません。

子どもをかわいがることは大事ですが、例えば「どうしてそれを食べないの?」「どうしてスイミングスクールが嫌いなの?」「どうして学校に行けないの?」「どうしてお友達と仲良く遊べないの?」「どうしてこの点数なの?」「どうしてこの学校を受験しないの?」「どうして内定をもらえないの?」「どうしてその勤務地なの?」など、こういうアプローチはまさに大きなお世話です。

すべての意識がそうだとは言いませんが、私たちの一部の意識は世代を超えて、受け継がれています。親や社会からの影響を受けていると言ってもいいかもしれません。**子どもに過干渉する親は、自分の親から似たようなことを受けた歴史をどこかに持っています**。その歴史が脳に強く記憶され、自分の意識の一部となって我が子に対する態度として現出するわけです。

その逆に、自分が子ども時代にそういう干渉を受けたから、自分の子どもには自由にさせてやりたいと考える親もいます。そういう親ばかりなら、親子の問題はこの世から激減するのだと思いますが、残念ながら同じ行為を繰り返してしまう親は大勢います。

我が子を大切に思いすぎるあまりに、何度も叩いてしまう親もいます。そういう話を聞くと、私はその方に質問します。

「あなたのお子さんがヨチヨチ歩きをしているとき、その前に積み木が転がっていたらどうしますか？」

「え、……いやもちろん、積み木をすぐにどけますけど」

多くの親がそう答えます。ほぼ即答です。しかしこういう人もいます。

「放っておきます。それをよけるかなと、どうするのかなと見ています」

つまずいて転ぶかもしれないけれど、転ぶことによって子どもが何かを経験する、学べることから、次からは気をつけるかもしれないと。転んでも立ち上がる力を持っているだろうと信じて見守る、そういうやり方もあるのです。

目の前の積み木を取り除いてあげると、そのときは**子どものために「してあげた」と義務を果たした思いで満たされますが、子どもは学びのチャンスを逃します**。そこで注意力を学んでおかないと、もっと大きなケガをするかもしれません。

その一方、積み木を置いておくという同じ選択であっても、この子はいつも泣いてうるさいから積み木にでもつまずいて痛い目にあえばいい、そんな負の感情を握りしめて我が子を放っておくパターンもあります。

放っておくという行動は一見すると同じですが、その意識はまったく違います。

実はこの点が問題なのです。

私たちに問われているのは、外面ではなく内面、つまり意識の持ち方であり、意識が生み出されるプロセスです。**何かを選択する際の「動機」が問われている**のです。

親という字は「木の上に立って見る」と書きます。そこには一歩高いところから見守るという深意があります。何かを具体的にしてあげるということも、親としてときには大切かもしれませんが、親の一番重要な役割は見守ることです。

「心配するより信頼したらどうですか?」

ご相談を受けるたびに、私はそうお伝えしています。

自分と相手は違うのだという視点を持つ

親子には血縁がありますが、夫婦には血縁がありません。なんらかの縁があって一緒になっていますが、いとこ同士などという関係を除けば基本的には他人です。

他人ですから、夫婦関係がこじれたときというのは、親子関係がこじれるのと違う意味で難しい状況下での舵《かじ》取りが要求されます。

自分たちがうまくいかないのはあなたに原因がある、あなたのそこが悪いのだ、そこをなんとか変えてくれないか、世間一般を見てもあなたのやっていることは非常識だ、そう主張して相手が変わるようにと迫るパターンが一般的ですが、これをやっても誰も幸せにはなりません。

以前の私も夫婦関係が大きなストレスでした。妻ともよくケンカしました。そのときはなんとか妻の意識を変えてやろうと思っている自分がいたのです。

本来、**夫婦は対等な関係であるはずなのに、妻のためにと思って発言、行動していることが、結果として妻にとってのストレスになっていました。**

こういうふうになってくれたら、あなた自身が豊かになれるはずなのに、幸せに過ごせるはずなのに、どうしてそんなことをするの、早く自分が言うようにすればいいのにと。でも妻は妻で、それまで育ってきた環境や文化、友人関係、さらには過去生があります。私の所有物ではないのです。

夫婦が揉めるときの共通項があります。それは「何かが一致しない」ときです。

意思一致できないときに、お互いのストレスが発生します。不都合を感じるわけですね。
そこでちょっと考えてみましょう。

自分はAがいいと思う、でも妻はBがいいと思う。そういう違いが出るのは、人格主体が違うからです。違う人生経験、違う過去生、違う魂の経験をしているから、Aがいい、Bがいいと意見が違うわけです。

自分と相手は違うのだ、という視点を持つこと。

シンプルすぎて当たり前じゃないかと思われるかもしれませんが、実はそのシンプルな視点が欠けているために、多くの夫婦関係が壊れます。

自分だったらこんなことはしない、でも相手の立場だったらこういうことをするかもしれないな、そう想像するだけでもかなり違います。**自分と違う視点や考え方を持っているから、そもそもパートナーに惹《ひ》かれたんじゃないのか……**、ときにはそんな昔のことを思い出してみてください。

うまくいかないときはささいなことがきっかけだったりします。

譲り合っちゃえばいいのですが、ささいなことを大きくとらえ、譲ることはできない、許せないと執着してしまうわけですね。しかし実はそのささいなことが直接の原因ではなく、お互いに日々の不満をささいなことをきっかけにぶつけ合っているわけです。

その意味で、**夫婦ゲンカは本音のコミュニケーションを誘発してくれるきっかけ**です。お互いが認め合って尊敬し合って調和的になっているという条件下、たまにやるくらいならいいかもしれません。ケンカもコミュニケーションの一種です。

輪廻転生する際、同じ相手と結婚することがあります。そのあたりはケース・バイ・ケースとしか言いようがありません。同じ相手と何度も夫婦関係を試すとか、夫婦関係だけではなく親子関係もやってみるとか。

以前は親子だったのが、今生（現世）では夫婦をやっていることもあります。そういうケースはかなり多いと思います。夫婦だったのが兄弟姉妹になったり、兄弟姉妹だったのが親子になったり。

ちなみに夫婦や親子となる相手が特定の相手だけという状況はほとんどありません。そう思いたい気持ちは十分理解しますが、その感情は相手といつまでも強くつながっていたいという執着にすぎません。

西洋でも東洋でもない新しい文明が誕生する

最近、男性と女性のパワーが近づきつつあるのではと感じています。

人類の歴史は男性上位社会を維持する文明の連続でした。女性はその潜在力、自ら保持する神秘的パワーを長年にわたって封印されてきましたが、世界中で今、女性のパワーが解き放たれようとしています。

それと同時に、これまで分断されてきた西洋と東洋が、その融合に向けて近づきつつあります。そういう現象もすべては人間の自由意思が働いて生み出されるわけですから、私自身は興味深く見ています。

西洋と東洋に限らず、陰と陽、男と女、右と左、プラスとマイナス、善と悪、世の中を見回すと様々な世界で「ペアの関係」があります。ユニークだと思いませんか？

普段は二つに分かれており、世間的な評価も様々にありますが、よく考えるとそれらは相手があることで自分が成立する存在です。そして面白いのは、それらが**ひとつになるときにはクリエイティブなエネルギーが発生する**ことです。

陰陽といえば神話の世界ではイザナギとイザナミを想起します。左回りのエネルギーがイザナギで、右回りのエネルギーがイザナミと言われますが、神話ではイザナギとイザナミが交わることで神々が生まれました。左回りと右回りがくっつくときに、何か爆発的な要素があるというわけです。

爆発現象が起こることで大いなる創造がなされるのでしょうか、いったん二極化したものが再びくっつく状況が有効なように感じます。

ＡかＢかという議論をしている際にＣという選択肢が生まれることがあります。これはアウフヘーベン（止揚《しよう》）とも言われます。議論の幅が広がり、一段階上のステージに進む状況です。この場合のＣは大いなる創造の産物と考えられます。

西洋と東洋も、どちらがいいとか悪いという比較優位では語れません。西洋には西洋の文化が、東洋には東洋の文化があります。

西洋はどちらかといえば合理的な思考で左脳寄りの文化です。東洋はホリスティックな思考で右脳寄りの文化です。

右脳と左脳、私たちはその両方使ってはじめて素晴らしいことができるように、どっちがいいか悪いかという議論には意味がありません。

人類は長い年月をかけてそういうものをわけて、いろいろやってみたうえで、今度は組み合わせてみようとしています。それは足し算ではなく「掛け算」になります。その結果、新しい西洋でも東洋でもない、新しい文明が誕生するというわけです。

第6章

宇宙の真理を理解する

宇宙とは呼吸でつながっている

ここしばらく、インスピレーションという言葉を耳にする機会が増えた気がします。

インスピレーションは一般的に直感とか霊感などと訳されますが、同時にそれは呼吸とともに入ってくるものという深意を持っています（inspireとは、inとspireから成りますが、in「なかに」、spire「息を吹き込む」という意味です）。

私たちは日々、瞬間、瞬間、呼吸をしています。意識するとかしないとかは別にして、生物は常に呼吸をして生きています。吸ったり吐いたりという行為で、内と外とがやりとりをしているわけです。

スピリチュアルな世界ではよく瞑想の重要性が説かれますが、瞑想のなかでも呼吸法というのはさらに重要度を増して登場します。なぜか？ **呼吸には自分という「個」を意識する部分と、個としての自分が属する「宇宙」を意識する部分があり、その二つを呼吸という行為がつないでいる**からです。

つまらない話や講義、あるいは朝礼などを聞いているとあくびが出ます。学校では「あくびをするな」と注意を受けて叱られますが、あくびは宇宙とつながる大切な行為であると規定している宗教もあります。

あくびは深呼吸です。深呼吸の大切さは言うまでもありませんが、健康のため、あるいはリラックスするために必要な行為です。**身体に流れる気を入れ替える行為**ですね。

インスピレーションは論理とよく対比されます。

論理に論理を重ねて考える行為とは対照的な存在です。一足す一は二、AイコールB、BイコールCなら、AイコールCという三段論法など、現代のビジネス社会では論理思考の重要性が圧倒的に説かれます。

インスピレーションは論理を飛び越えます。いきなりAイコールCがポンと出てくるわけです。「なんでAイコールCですか？」と質問されても説明が難しいわけです。本人は理解しているけれど、本人が受けた感覚を他者にそのまま説明することが難しいために、万人を納得させることができません。

逆に論理的な説明には万人が納得しやすい部分がありますが、私たちが生きているという事実を論理的に説明することは、実は難しいことでもあります。なぜなら、科学でいまだに生命ひとつ生み出せているわけじゃないからです。

普段生活するうえで、何か論理的に割りきれない、考えつかない、腑に落ちない現象に遭遇したことのある方なら、私がここで言わんとすることをご理解いただけるでしょう。気がつくか、あるいはつかないかは別にして、日常、私たちの周囲では理解不能な事象が大なり小なり起きています。

その状況を、実は私たちは皆知っています。

事象が起きていることを知っている、もっと言えば「感じている」のです。しかしその事象に関する論理的な説明はできません。起きていることについて、直感で「あれはそうなんだ」「これってそういうこと」と自身で納得することはできますが、他人に「あれはこういうことなんですよ」と論理的な説明ができません。

インスピレーションの気持ち良さともどかしさが、そこにはあるわけですが、これは同時に「宇宙の法則」を私たちが最も身近に感じることができる手段でもあるのです。

自分を空っぽにしてインスピレーションを受信する

インスピレーションとは何かという問いに対する解答は、「人から教えられるものではない」というのが正しいと思います。結局は「自分がインスピレーションを受けた」という事実が重要であり、同時にそれはきわめて個人的な感覚です。

もちろんインスピレーションを受けやすい状況だとか、あるいは意識の状態というのはあります。ライフスタイルや意識の持ち方いかんで、そういう状況を作り出すことも、ある程度はできるでしょう。

さらに、そのインスピレーションを自分がそのときに受けるかどうか、受けたときに自分が受けたという事実に気がつくかどうか、さらにそれを人に話すかどうか、それらはすべて本人に委ねられます。

個人的な感覚でインスピレーションについて話すとすれば、深く考えて何かの答えを得ようとしているときよりも、そういう状態じゃない、**リラックスしているときのほうがインスピレーションを得やすい**と感じます。

どんなに解決策を考えようとしても八方塞《ふさがり》だと思っていたところ、お風呂に入ってのんびりしているときにハッと解決策を思いついた、こういう経験、皆さんにもありませんか？ お風呂でなくてもいいのですが、散歩をしているとき、寝床にいるときなどリラックスしているときにまったく別の視点のアイデアが思いつくということもあります。

科学法則などの発見も、ときにそういう感じで起きることがあります。古代ギリシャ最大の数学者と評されるアルキメデスが、重力や浮力といったものに関する考えに至ったのはお風呂に入っているときでした。

アルキメデスが入浴中に発見した物理法則は「流体中の物体はその物体が押しのけた流体の重さ（重力）と同じ大きさの浮力を受ける」というものでした。気持ち良くリラックスしていたのでしょう。

インスピレーションはある意味、勝手に入ってくるものですから、自分が受け皿としてのアンテナを持つかどうかが大切です。コップを空にしておくということですね。自分はこうじゃなきゃいけない、なぜならこうだから、そんな論理思考で一杯になっていると、インスピレーションが入る余地がありません。むしろボーッとする、何も考えるものがない空っぽの状態が入ってきやすいのです。

入ってくるという表現をより詳細にすると、受信というかダウンロードされると言ってもかまいませんし、そこにはチューニング、つまり共鳴の論理が働くようです。あたかも自分が感度のいいアンテナを持ち、チューナーになっている状態で、そこに自分が得たいと思っている情報が、無意識のうちにフォーカスしてくるわけです。

世界的なベストセラーとなった『アイデアのつくり方』（ジェームス・W・ヤング、阪急コミュニケーションズ刊）には、とても興味深いことが書かれています。アイデアやプランを作り出すために、大量の資料を収集し、様々な咀嚼《そしゃく》を加えたら、その作業を完全に放棄してまったく別のことに没頭せよと、ヤングは提案しています。

ヤングは本書で作家コナン・ドイルが生み出した名探偵シャーロック・ホームズの例を引いて説明しますが、この手法は、無意識や直感・霊感という世界のことが少しでもわかる人なら十分理解できると思います。

気になって気になって、意識的にデスクに向かって考えている際には、まったくといっていいほど答えが出なかったりしますが、そこから一歩離れて別のことに没頭しているときに、朝目覚めたときに、あるいは夢のなかで答えが出てきたりします。

私も一時期、枕元に紙と鉛筆を置いていたことがあります。寝ているか寝ていないかわからない、そんな中途半端な意識状態のときに、問題を解決するいい案がパッと思いつくことがありました。

高次元からの情報も受信できる

インスピレーションが一番わかりやすく起きているのが芸術家です。

美しい絵を描いたり、素晴らしい音楽を作ったりという行為に、ある程度のセオリーがあることは認めます。この色とこの色の組み合わせが風景画を際立たせるとか、そのフレーズにはこの和音が美しいとか、このコードの次にはこのコードがマッチするとか、いろいろとあるでしょう。

しかしそうした路線とは違う新しいものはインスピレーションでやってきます。優れた芸術家というのは、優れたチャネラー（チャネリング＝宇宙と交信する行為、をする人）でもあるわけです。

チャネリングは特に日本では誤解されて伝えられていますが、オカルティックで特別なものではありません。それは「高次元からの情報を受信する」という聖なる行為です。人の素晴らしさを引き出すような絵を描きたい、人の内面に響くような曲を作りたい、芸術家には様々な意図があります。そのうえでやり方については深く考えず、自分をある意味、通りのいい、なるべくよけいなものを排除した「透明な媒体」にするわけです。

それで、「私はそういうものを作る道具になります、ぜひ私に協力してください」と要請をします。**そうした要請に対して、高次元の存在たちは喜んで協力します。**

彼らは美しいものを表現することが、好きで好きでしょうがないわけです。しかし**形にするには肉体が必要であり、肉体を持った私たちが必要**です。私たちを道具というか、ある意味使っているわけですね。

ときには天上の音楽、いわゆる向こうの音楽がこっちの音楽よりもはるかに美しいとか、向こうの世界の美しい光景を見せられるそうですが、それになんとか近づこうと芸術家は四苦八苦します。これがクリエーション（創造）のプロセスです。

音楽家で「これは私が作ったわけじゃない」などと口にする方がいますが、あれはそういうことです。彼らの多くが降りてきたと口にします。

知り合いの画家にＣｈｉｅさんという方がいます。パステルを画材として指で創作される方ですが、彼女の絵は魂の輝きがほとばしっています。本も複数出されていますが、彼女の絵を部屋に飾ったら運気が変わったという話はあげるときりがありません。

病気に関する話も聞いています。年配の女性が心臓を患《わずら》って手術をしたのですが、予後が悪く、しばらくは病室で寝たきりでした。ある日、その方の娘さんが、彼女の絵が特集された雑誌の付録の絵を病室に飾ったそうです。するとそれまでの病状が嘘みたいにみるみる元気になり、すぐに自分で歩いて買い物に行けるようになったという話を、Ｃｈｉｅさんが個展をされているときにその娘さんが話してくれました。

素晴らしい絵は肉体の外側にあるエーテル体やアストラル体に、美しい光のエネルギーを照射してくれます。すると心身の関係性が改善されます。

ユニークなのは、それだけ素晴らしい絵を描いている本人が「病気が治ったとか言われますが、そんな特別なものだとは思っていませんよ」と実に謙虚な点です。おそらく彼女も**チャネリングしたうえで高次元存在に描かされている**のかもしれません。

絵を見るとハートのチャクラが開き、自分のなかからエネルギーが出てくる手助けとなり、そこに描かれた絵と自分の間でエネルギー交換がスタートし、その結果として自分の状態レベルが上がるのではないか、私はそう感じます。

はじめにバイブレーションありき

インスピレーションが大事だとか、いや論理を重要視すべきだという議論には、そもそも意味がありません。比べること自体に重要性はなく、ＴＰＯに応じてバランス良く使いこなすのが、この三次元という世界での生き方です。

右脳的なエネルギーであるインスピレーションと、左脳的なエネルギーである論理は自動車で言えば両輪です。**私たちの本質はスピリットであり、それは目に見えないものであり、決して論理で生み出されるものではありませんが、地上に存在することを確認するため、理解するためには、肉体レベルで行動する必要があります。**

将棋の羽生善治さんなどはその最たる人かもしれません。彼は右脳と左脳、両方の使い方が天才的に上手な人だと思います。以前、日本医科大学の研究室が羽生さんの脳波を測定したことがありました。測定の結果、羽生さんは自分の勝利場面、相手の玉が詰んでいる状態、それをパッと絵で見ていることが判明しました。これは右脳的であり、直感の世界です。

でも、そこで終わるわけじゃありませんでした。

直感で絵を描いたあとに左脳を使うのです。詰みの局面を絵的に見たのは右脳的な作業でしたが、今度は左脳で一手ずつ、こう打つと相手はこうくるだろう、そのときはこうしようと、これはいわゆる「読み」と言われますが、そうした読みの手順で検証します。そこに時間を使うわけです。

インスピレーションと重要な相関関係と言えば「言霊」です。

この言霊、いろいろな説明がなされていますが、**平たく表現すると言葉のパワー**です。

とはいえ、日本人にとってそれは言霊と呼ぶほうが自然であるし、霊性の実際を考えると**言霊が私たちの人生に及ぼす影響ははかりしれない**と感じます。

言葉は文字として書かれるとか、音として発せられるものですが、形があるように見えて実は形のないものです。言霊とはよくぞ表現したもので、魂（本質）が見えないのに肉体（形）は見えます。明確な形になる前のエネルギー状態こそ言霊であり、それは**言葉の**

「バイブレーション（波動）」と言い換えてもいいと思います。

この世での事象は、まずバイブレーションが先にあります。

バイブレーションがある意味で凝縮される、要するに周波数が鈍くなってはじめて、物質化するというわけです。「はじめに音ありき」などとも言われます。何かが生まれるときというのは、はじめに音があって、そこから物質化するというわけです。

この場合のバイブレーションは低い波動、ロー・バイブレーションです。私たちが高次元へと進化すると言葉は必要なくなりますが、三次元世界ではまだ必要です。逆に波動が高くなると、物質化しているものが透明になる、目に見えなくなります。これがハイ・バイブレーションです。

この世の周波数とあの世の周波数がある

肉体というのはある意味、一番波動が荒い部分です。

そうではあるにせよ、意識を高めることで肉体の波動を高めることが可能です。すると自分の肉体を消すことができるわけですね。その状態にまでなると自由自在ですから、肉体的、物質的な制約を一切受けず、一瞬で遠くに飛ぶ、移動することができます。

そして飛んで行った先で再び肉体化、つまり物質化すれば、それが「瞬間移動（テレポーテーション）」したということになります。あの役行者《えんのぎょうじゃ》（役小角《おづぬ》、賀茂氏から出た氏族で修験道の開祖と言われる人物）は、自分の身体波動を究極的に高めた結果、自在に飛行できたとも言われます。

私たちはバイブレーション次第というわけです。

バイブレーションの周波数が違うと、ぶつかりません。正面から向かってきても衝突しません。周波数が同じもの同士は衝突しますが、周波数が違うと衝突しないんです。ラジオの放送局の周波数が違うと混線しませんが、原理としてはあれと同じです。両者ともに矛盾なく共存することができるわけですね。

だから自分の肉体波動を高めて徐々に姿を消すことができると、繁華街でいろいろな人に正面から歩いて行っても、周波数が違うのでぶつかりません。街頭カメラに映り込んだ心霊映像と呼ばれるものが結構ありますが、そのなかにはハイ・バイブレーション状態の人が、波動を高めている途中の状態で映り込んでしまったケースがあるかもしれません。

あるいはすでに波動が高い状態にある存在とか、別次元の方かもしれませんが、それを見るということは、自分の意識周波数がそこに同調しているわけです。チューニングがそこに合っているわけですね。

写真でも不思議なものが映り込んでいるケースがありますが、これも同じ原理で、撮影者もしくはそこに映っている方の周波数が同調した結果です。

同時にこれは、多次元並行世界（パラレル・ワールド）を説明しやすくなります。

私たちが住む世界が別の世界とぶつからないのは、両者の周波数が違うからです。次元と次元、異世界と異世界が衝突するという仮説を立てる海外の科学者もいますが、仮にその仮説を前提として考えると、衝突するというのは互いの周波数が合ってしまった結果と言えるでしょう。

周波数の違う次元であればパラレル（並行）することで、お互いにまったく干渉し合わずに存在し合えるというわけですね。

音で説明するとわかりやすいでしょう。

私たちが美しく聞こえる音というのは、ドミソに代表されるような和音（協和音）です。和音には三和音、四和音、あるいは五和音などがあります。ドもミもソも周波数が違い、それを三つ重ねることで波動が衝突するのではなく調和する、つまり違う周波数でハーモニーを奏でるから和音は美しいというわけです。

その逆に、調和のとれていない状況、安定感のない状態、例えば同じ周波数を複数ぶつけたときはハーモニックな気持ちにはなれません。これが不協和音であり、私たちが普段使う言葉としても認知されています。

実は**私たち自身が、大なり小なり、次元移動を経験**しています。

睡眠中にアストラル体が体外離脱する（アストラル・トリップ）話は、多層構造となっているエネルギー体のひとつが遊離・次元移動する現象ですが、ここで言う次元移動は、物質レベルからいったん非物質レベルへと変換する話です。バイブレーション移動です。

ある物質が非物質化すると、距離的なものは一瞬で飛び越えることが可能です。これはあくまでも肉体の瞬間移動ですが、移動先ではその非物質化されたものが再度、物質化する必要があります。タンパク質やカルシウムや水分などで構成される肉体の再組成です。

最終的に肉体を伴うのか、あるいはエネルギー体として移動するのか。どんな移動にせよ、大きく分けるとその二つです。

ソウルメイトという存在

ソウルメイトについても、この十年ほどの間に、急速に一般化した言葉のように感じます。現在では若い女性たちがカフェで雑談する際に、ごく普通に登場する言葉となりました。大ざっぱなとらえ方をすると、**ソウルメイトという関係性はあちらの世界での結びつき**の話です。ちなみにそういう言葉を認めるかどうかは、皆さんの自由意思です。

家族ではなくまったくの他人なのに、まるで家族のような、あるいはそれ以上の親近感を覚える他人、そんな経験はありませんか？　はじめて会う人なのになんだか妙に懐かしい気持ちを感じたりすると、不思議な気分に包まれます。

それがクラスメイトとか、取引先とか、たまたま知り合った人とか、恋に落ちた相手とか……出会う場面は人によって様々ですが、そんな不思議な感覚を体験する人が、世の中には大勢います。

その相手といると落ち着く、実の親以上に自分のことをケアしてくれる、体験者はソウルメイトなどという言葉を知らないとしても、親近感を抱きます。そのときにひとつの状況説明として、肉体の血を分けた家族ではないけれど、まったく別のレベルでのご縁があるのですよというわけです。

この世で夫婦になったカップルでも、あっちの世界で強い結びつきがあった人同士というカップルがたくさんいます。すぐに離婚する人も最近は増えていますが、結婚というのは特別なご縁です。でも肉体的なご縁ではないということも皆知っています。ではどういうご縁なのかと言えば、それが「魂のご縁」です。

ソウルメイトに関しては、私たちという存在の本質は肉体を超越したスピリット（魂）である点をどう解釈するのかによって、皆さんの理解の仕方が変わります。

私はこれまで魂と肉体の関係性について、さんざん私見を述べましたが、魂というものが絶対にあるのだと信じなきゃいけないと断言するつもりはありません。肉体というものが存在として成立する前に、まずは魂という状態があるだろうと考えているわけです。

この世に生まれ落ちる前は、裸になってお風呂に入っている状態だと言いました。そのときに、**裸の付き合いで一緒になったというような人たち**がいるわけですね。そこでやりとりもしています。話し好きな人もいればあまり話さない人もいます。裸の付き合いであっても、ご縁の深さはそれぞれです。

向こうの世界であってもこっちの世界と似ていて、それぞれ違うのです。

親しい間柄というのも当然います。こっちの世界であなたに親しい友人がいるのと同じですが、その親しい相手との結びつきをソウルメイトなどと呼んでいるわけですね。ちなみにメイトは友人という意味です。魂レベルでの親友といったところでしょうか。

宇宙意識はスーパー・ホスト・コンピュータ

ソウルメイトと並んでグループソウルという言葉、そうした発想も、どちらかといえば多義的に使われている気がします。その言葉に縛られずに表現するなら、魂は「分霊（分け御霊）」と言えるでしょう。元は大きなひとつだと思うのです。

私たちが一般的に口にしている宇宙という言葉は**「宇宙意識」**と言い換えられます。

宇宙意識というときの意識は、各人が持っている意識の集合体、つまりは全体意識のことを指しますが、例えばそれは**この世のすべての端末とつながった、いわばスーパー・ホスト・コンピュータ的な存在**です。その下に、国別とか企業別という感じで、様々なホスト・コンピュータがあるわけです。

インターネットという概念世界で説明するとわかりやすいでしょう。携帯などの端末があり、途中にサーバーがあり、それらは幾重にも層のようにつながっています。サービス提供事業者であるプロバイダは大元の回線を使いますが、それはすべての大元にあるスーパー・ホスト・コンピュータから下った末梢にあるホスト・コンピュータであり、こうした構図で結びついている魂同士が、私たちの住む世界に無数に存在するというわけです。

個々の純粋意識がなんらかのテーマでグループ化している、そういう準集合意識みたいなコミュニティがグループソウルかもしれません。**全体意識、全体の集合意識のなかに無数に存在する分派のひとつ**というイメージです。

当然、そこでの情報交換は活発でしょう。

これまでの転生経験に関する膨大な情報の共有、会議、そのテーマの転生経験者によるプレゼンテーション、次回のテーマに関する意見交換……近しい魂たちが集まっているだけに積極的な意見が交わされることでしょう。

これは「類魂《るいこん》」と呼ぶにふさわしいコミュニティです。類魂というのは私の勝手な呼称ですので、それぞれ好きなようにイメージして呼ばれるといいと思います。

このグループソウルに関して、動物には個々の魂があるわけではなく、実はグループソウル的な生き物なのだという説を唱える方もいます。

チワワを飼っているとします。そのチワワが持つ意識は個別意識ではなく、チワワという種族的なグループ意識（ホスト・コンピュータ）があり、その端末というか一部としてその家庭のチワワに現われているというのです。

その端末、というか各家庭のチワワが個別に体験したことは端末からコンピュータへ、さらにそこからもっと上のサーバーに送られ、類魂的なデータの集中管理がなされて経験になっていくというわけですね。

経験や学びは共有されている

経験が還流する仕組みは動物だけとは限りません。私たち人間にも、そうした仕組みと似たようなシステムが適用されているのだと思います。

私たちが転生しているということは、何かしらの経験、学びを経験するために生まれ落ちているわけです。

特に感情的な体験が大切で、物質的な体験にはあまり意味はありません。

感動したこと、悲しかったこと、嬉しかったこと、憎んだこと、恨んだこと、寂しかったこと、そういう感情はすべてあっちの世界に持って還ると言われますが、これがグループソウルという概念で言うところの「類魂データ集中管理システム」であり、各人の魂の学びや経験が大量に保管されており、グループで共有するというイメージです。

グループソウルの面白いところは、時代やテーマによってそのグループが分かれる場合がある点です。私たちは自分のソウル、つまり分け御霊である私たちの魂の一部だけを、この世に派遣するようなこともします。

魂のこうした仕組みは非常に柔軟でユニークです。

学校でそれを説明するといいかもしれません。

同じクラスのなかでいくつかの班を作ります。分け方はいろいろありますが、軽く三つに分ける場合もあれば、それをさらに細分化して九つに分ける場合もあります。いったん分けた班を再統合し、別のテーマで分け直すこともあるでしょう。

学校に限りません。

現実社会で見ると、会社でも各種のコミュニティでも、こういうことは日常茶飯事です。あの世で同じようなことをやっているとしても、なんの違和感もありません。そしてそのすべてが無数の「テーマ」で動いている感じです。

ちなみに私たちの**ソウル自体が小さな目的性を持つとか、あるいは全体を凌駕《りょうが》するほどの大きさになるという、伸縮自在な性質を持っていること自体が何よりも重要**だと思いますので、ここで触れたソウルメイトやグループソウルという概念そのものは、実はそれほど重要なものではないのかなとも思います。

「結果」ではなく「原因」を重視する

ここで少し逆説的な投げかけをします。

ソウルメイトが魂の親友的な存在であるとするなら、三次元に転生したあと、せっかく出会っているにもかかわらず、なぜうまくいかないことが多いのでしょうか？

実は魂とかあの世の仕組みなどを考える際に、こんなふうに考えるきっかけがあってもいいのではないかと私は思います。特にこれは夫婦関係で悩む方にとって、一番知りたいポイントでもあります。

夫婦は肉体の家族ではありません。あくまでも他人ですが、一緒に暮らすという特別な関係性を持ち、それは特別なご縁だと感じます。

そこには「魂の約束」があります。

そこでの約束は、足を引っ張り合うとか、罵《のの》り合うとか、そういうマイナスな約束ではないようです。**スピリット（魂）の部分ではすべてが調和する**と言われます。

夫婦ゲンカ、つまり心身で衝突するように見えるのは、魂の上におおいかぶさったエゴが衝突している証拠です。魂は全体の一部ですから、衝突しようがありません。

本当はお互いにギフトを与え合う、祝福し合うという両者の約束の下、今世で夫婦関係をやろうと転生前に決めたわけです。それを、私たちが人生のある時点で思い出すことができたなら、これほど素敵なことはないと思いませんか？

先述しましたが、夫婦関係がうまくいかないのは「自分とは違う」ことを忘れているからであり、それと同時に魂時代の「約束」を忘れているからです。

約束を忘れて、どちらかと言えばささいなことにフォーカスをして衝突を感じます。魂の約束があるのかと一歩離れてみるだけでも、両者の関係性が楽になります。

私たちの目に見えるものは、俗に結果と呼ばれます。結果の背後には必ず原因がありますが、私たちは往々にして結果に目を奪われがちです。**因果という仕組みを知ることが大事**なのです。

常に結果ばかりに目がいき「結果人間」になる方も、この社会には大勢います。結果に一喜一憂するわけですね。でも、**本来大切にしたいのは原因**です。**自分がとった行動や行為、自分が意識したこと、自分が言葉で発したこと、それらがどういう結果を生むのか、そこが問われる**わけです。

病気も同じです。アトピーという症状、これは結果です。その結果だけを見ると、その症状にどう対処しようか、とりあえずステロイドを塗ってみようかとなります。しかし原因を見なければ、同じ結果が出続けます。原因を発見し本質的に対応してはじめて、解決ということになるわけです。

誰もが誰かの守護霊だった

ハイヤーセルフという言葉も皆さんは耳にされたことがあるかもしれませんが、この言葉はスピリットと同義だと私は考えています。

日本語では「高次の自己」と訳されることが多いと思います。高次元はバイブレーション、波動の周波数が高い場所です。そんな**高い波動の場所にいる本当の自分がハイヤーセルフであり、肉体のバイブレーションよりもっと高いバイブレーションである自分**です。

つまりハイヤーセルフは光の部分であり、すべてと調和する存在であり、すべてを知っている存在なのでしょう。自分の情報のすべてを知るとも言われます。私たちのスピリットそのものが、要はそういう存在というわけです。

ハイヤーセルフと並んで口にされるのが**ガイド（守護霊）**です。

小学校に入学するとランドセルを担いで登校しますが、そのときに黄色いシートみたいなのをつけます。黄色はどこでも目立つ色ですので、交通安全対策というか子どもが事故にあわないようにと長年行なわれるわけです。

これは魂が自然に発する「愛の行為」です。黄色いシートはランドセルを担ぐ子どもへの大人の愛ですが、それと同じ構造で私たち全員に黄色いシート、つまりガイドがつけられます。一人に一人ずつ、ガイドがつく感じです。

普段、私たちを助けてくれる高次の存在は大勢います。それぞれに専門性が違うとも言われますが、ガイド、つまり**守護霊という存在は、その人の「かかりつけ」とか「世話役」という形で、私たちが肉体を持っている間、要するに今回の転生の間、ずっと変わらずいる**と言われます。マンツーマンのコーチみたいなものですね。人間のコーチは目に見えますが、ガイドは見えません。見守ってくれる存在です。

そう書くとガイドはなんとなく親のような存在に思われますが、ガイドの意識は親というよりも、親しい友人を近くで見守っているような感覚が多い気がします。「まあ、いつもわりと近くにいるからさ」というカジュアルな感覚でしょう。

皆さんも肉体を持たないとき、つまりあっちの世界にいるときに、誰かのガイドをやったりすることがあります。誰かを見守りつつ、ときには助け船を出すことはあっても、**決してその人の学びの邪魔をしないし自分の考えを押しつけるようなことはしません。**

感謝しなくてもいい

彼らとのコミュニケーションは様々なレベルで行なわれます。

ガイドからのサジェスチョン（暗示）はたくさんありますが、先述したような、例えば芸術的な部分に関しては、ガイドからの情報発信はわりと少ない気がします。

芸術であれば芸術の専門家というか、プロフェッショナル集団からの手伝いが来ることが多いようです。それは高次元の存在たちで構成される「サポート集団」からのインスピレーションです。

サポート集団のメンバーはその時々で替わります。例えば音楽のことをやっていたら、音楽が得意な連中が集まるというわけです。

人生の時々で、今この助けが必要というときに「私たちが来ましたよ」って具合です。すごく心強いメンバーですよ。大船に乗ったつもりでいればいいと思います。

しかし現実的には大勢の人が勝手に孤独感を感じています。もちろん、サポートメンバーたちもジッと見ているだけじゃなく、無条件の愛の眼差しで見守っています。

彼らは手伝うこと自体が喜びなのです。彼らからすれば「奉仕の機会を与えてくれてありがとう」ということです。

「私はあなたのことを助けたくて、助けたくてしょうがありません。助けるのは私の幸せです。させていただけますか？」

こんな感じです。彼らはなんの見返りも求めません。

「常にありがとうと言いなさい」

「守護霊に感謝しなさい」

そんなことを講演会やセミナーでお話しされる方もいますが、彼らに言わせると、別にありがとうと言ってくれなくてもいいわけです。究極の愛、これが無条件の愛です。

そもそも感謝はしろと言われてするものじゃありません。自分の内側から自然に湧いてくるものではないでしょうか。そして自然に内から感謝の情が湧き、それを表現するというのは、また幸せな体験ではないでしょうか。

ガイドは、感謝をしたら許してやろうとか、感謝されたいからやっているのではなく、それ、つまり人助けをはじめてしまうとその楽しさにハマってやめられないわけです。

これは恋と愛の関係にも似ています。

恋はエゴそのものです。あの人は収入が高い、イケメンだ、美人だ、家柄がいい、有名企業に勤務している、細かいものから大きなものまで条件に左右される状態です。

愛は無償です。見返りを求めません。その意味でエゴと対極のポジションにあります。パートナーに感謝されたいなんていう感情はありません。感謝されたいのは見返りを求めているわけですから。

ガイドやサポートメンバーと呼ばれる存在も愛の存在です。彼らがやりたくてやっているわけで、あなたが感謝するかどうかは関係なし。あなたがそのサポートを必要としない、ノーと言うのなら、その意思は尊重されます。

このサポートメンバーと先のガイドには共通点があります。助けようとしている人物の自由意思を尊重する点には絶対的な価値を置く、ということです。

両者ともに、あなた自身に妙な干渉はしません。

あなたが「私には助けはいりません、もう結構」と叫べば、手出しをしなくなります。彼らは自然の情としては助けたい、あなたの役に立ちたいという愛の存在たちですから、おせっかいしたくてしょうがない部分もありますが、もう結構だよとひと言告げると、彼らはそれ以上何もしないのです。

よく**「誰からも助けがない、誰にも助けてもらえない」と口にされる方がいますが、それも自分の思い込み**です。助けがいらない体験をしてみたいと当人が考えているだけです。彼らは助けたくてしょうがない、でもあなたがそういう体験をしてみたいのなら、あなたを信頼して見守りますよというわけです。

これほど深い愛は存在しません。

法廷は善悪を裁くだけの場ではない

さて、そうは言っても感謝の気持ちが自発的に湧いたときにどう示せばいいのかは、皆さんが一様に知りたい点だと思います。

その答えから先に言うと、あなたならではの個性、あなたらしさにすべて委ねられていますよ、ということになります。

どうぞお好きなように表わしてください。あなたらしいやり方こそクリエイティブな要素です。個性的でクリエイティブな表現方法こそ、ガイドもサポートメンバーも大いなる宇宙意識も、高次の存在たちが等しく喜ぶ部分です。

それが自由意思の素敵な点であり、自由意思に基づく創造、つまりそれが創造主であり、私たち人間が「神の子」と呼ばれるゆえんです。

「好きにする」とか「人それぞれ」と言うと、大きな質問に対する解答がたった五文字で終わってしまいますが、要はそういうことなのです。


スピリチュアルな世界では、**宇宙に善悪はない**と言われます。

善悪があるという視点で見ると、善悪という要素を前提にしたこの議論が成立しますし、善悪はないのだという立場に立てば、そもそもこの議論は成立しません。

まるで禅問答のようなイメージに思われるかもしれませんね。

しかし私にとっては、あくまでもこのコメントが正解です。それだけのことかなという感じです。そもそも善悪はその時代に暮らす人間が勝手に定義づけています。

それとは関係なく、宇宙は宇宙意識としてそこに存在します。どこに？　私たちのすぐ周囲、そして**私たち自身を含めた環境のすべてこそ大いなる宇宙意識の一部**です。

先の章ですでに述べましたが、以前の私は善悪という観念を明確に持っていました。物事や事象には善と悪が厳然として存在し、自分もよくありたいと思っていました。

でも描いた理想像になかなか追いつけない自分を責め、世の中はひどいものだと勝手に責めました。社会は悪だと信じ込んで苦しんだ時期もありました。

しかしながら、これは貴重な体験でした。今では同じような悩みを持つ方の気持ちを理解することができるからです。


私は弁護士です。弁護士はその仕事上、善悪二元論という立場を採用して当たり前だろうと考えている方が、世の中には圧倒的に多いと思います。善悪の観念を抜きにして仕事に支障はないのかと、疑問に思われる方も大勢いらっしゃるでしょう。

依頼者はときに感情的になっていることがありますが、私は感情的にはなりません。代理人というのは依頼者との距離が大事です。依頼者と密接にならなければ、つまり適切な情報が得られなければ依頼者の弁護はできませんので、その部分は大事ですが、依頼者と同じになってしまっては事件解決の手助けをすることができません。

もう一点。裁判という場には、依頼者の利益のために十分なコミュニケーションをとることと並んで、そこから一歩離れて「社会正義を実現する」という目的があります。依頼者の利益を最大限に目指すのは当然ですが、その一方、公益的な社会調和を目指すということが裁判に関わる専門家の役割として存在するわけです。

第1章で告白しましたが、訴訟を離れたところで私が依頼者と対立する相手のことを祈るのは、その視点を常に頭に置いているからです。**なんらかのきっかけで裁判という対立状況になってはいるけれど、私たちは同じ星で暮らす仲間であり、それぞれがユニークなシナリオを書いたうえで採用され、この世に転生してきた仲間**だからです。

適当な距離感を保ち、ときには落としどころを探し、そのために依頼者を説得することもあります。原告と被告、双方に就いた代理人が各自の依頼者と信頼関係を保ちながら、落としどころでは双方の依頼者を説得するわけです。

その結果、**双方の依頼者が納得するような説得ができると、それは素晴らしい解決となります。これが調和、ハーモニーです。和解は「調和で解決する」**ということです。

自分と地球を結ぶグランディング

最近、一般の方にも広く霊性の世界が知れわたるようになり、スピリチュアルを重視する流れと並行してマテリアル（物質）を蔑視する流れが広がっています。

しかしこの流れは不自然に感じます。三次元という重力世界で暮らす以上、スピリチュアルなものとマテリアルなものはともに大切だからです。

どちらかをおろそかにすると、この地上では何かしらの不都合が生じます。

スピリチュアルとマテリアルは、いわば車の両輪的な関係であり、そのバランスを意識することは、あなた自身が現在抱えている悩み、ストレスの原因を解明するヒントになるでしょう。

両者は相手あっての存在であり、そのための手段、道具と言ってもいいかもしれません。いいアイデアを持つ職人は道具がないと、アイデアを具現化できません。道具があってもいいアイデアがないと、やはり具現化できませんね。

私たちが存在する三次元世界では、肉体がなければ何かを表現することは難しいし、魂がなければ肉体そのものを維持することが難しいのです。

そうは言っても私たちの大半は、まだ肉体至上主義的な考え方が強く、普段の世界における「魂発想」がかなり欠けているかもしれません。

自分の存在が肉体そのものだと思ってしまうと、例えば身体の不調が自分自身の不調だと誤解します。不調の多くが肉体そのものではなく、私たちの抱く意識に起因するものだと明確に理解できれば、私たちの人生を悩ます病気の正体がおぼろげながら見えはじめます。

もちろん肉体面での不調もあります。

同時に肉体が尊い表現手段であるということに気づくことで、その大切な道具である肉体を自分で定期的にメンテナンスすることが必要なのだとわかります。

それらを踏まえて、私たち一人ひとりが日常生活を送るうえで、明確なグランディングができているかどうかが重要だと感じます。グラウンドとは、地球ないし地上という意味であり、グランディングとは「地に足がしっかりとついていること」です。すなわち、**グ**

ランディングは、自分と地球との結びつきです。

私たちの本質が魂（スピリット）にあり、肉体はその道具であり、表現体であるということはすでに述べてきたとおりですが、私たちが地上で肉体を持って生活を営む以上、マテリアルである肉体やその維持に必要なマテリアルも大切なものです。

この肉体や肉体維持のために必要なマテリアルは、主に地球から供給されており（「母なる地球」といわれるゆえんです）、地球との結びつきが強ければ、肉体や維持のためのマテリアルは充実したものになりますし、逆に結びつきが弱くなってしまうと、身体をこわしたり、生活に必要な物が足りなくなったりしてしまうわけです。

もちろん、私たちの本質が魂（スピリット）にあることを忘れ、道具である肉体を自分自身だと誤解したり、道具たるマテリアルを目的に考え追い求めたりすることは本末転倒ですが、職人が道具を大切にし、手入れをおこたらないからこそ、素晴らしい作品が生み出されるように、**道具たる肉体に手入れをし、大切にすることも、また重要なことなのです。**

グランディングが弱いと、道具ないし表現手段の不十分さから、スピリチュアルな力の発揮も、メンタル面での安定も得られにくくなります。

スピリチュアルな力がどこまで発揮できるかは、その表現手段であるマテリアルの充実度すなわちグランディングの程度と比例するものでもあり、スピリチュアルの力の強い発現が求められている今、それと比例して、より強く地に足を着けること（グランディング）が求められているといえるでしょう。

願いは宇宙が叶えてくれる

この最終章のテーマとなっている「宇宙の真理」で大切なことがあります。

それは、**あなたが願うことは宇宙が叶えてくれるという事実（ルール）**です。なんとなく言い古されているように聞こえるかもしれませんが、これは本当です。

自分が描いたビジョン、どんなことを実現したいかを具体的に想像することは誰にでもできます。簡単に言えば、それを宇宙意識は実現するサポートをしてくれるわけです。

将棋の羽生さんの例を先に出しましたが、例えばその将棋の世界で言えば、対局で自分がどういう手で勝つのか、その様子を具体的に思い浮かべることこそ、ビジョンです。

まずは自分がどういうものを作り出したいのか？

これは自由意思に基づいて宇宙から要請されているところでもあります。

私たちは決して神の操り人形になれと言われているわけではありません。あなたも自由意思を持った創造主の一人です。

すなわち「神の一部」である素晴らしいお役目というわけです。

そのときに問われること、それが「あなたはどういう創造をしたいのですか、どういう世界を作りたいと思っているのですか？」という問いかけです。一人ひとり、創造するものを期待されているわけですね。

具体的なビジョンを描いたあとに大事なことがあります。

実現するためには一人でやろうとしないことです。仲間を探せと口にされる方もいますが、走り回って探さなくてもいいと思います。ただし仲間を拒否しないというか「求めよ、さらば与えられん」の境地でいること。これが大事です。

私はこういうビジョンを描きました、このビジョンに賛同してくれる人、どうぞ集まってください、一緒にやりませんかと。

天に向かってアピールする、仲間を募集するというか、広くお願いしてみます。何かの機会に知人、友人に話してみるのもいいと思います。

すると「そのビジョンいいなあ」と感じる人がやってきます。肉体を持った存在だけではなく、高次元の存在もやってきます。具体的にどう実現させるかという点は、自分で段取りをすべて仕切る必要はありません。その段取りが得意な人に、それぞれの分野でやってもらえばいいのです。

でも、皆誰かのビジョン実現のお手伝いはできても、自分のビジョンを描くことは当人にしかできません。そこには本人ならではの個性、つまり熱意があります。

熱意はすべてを動かす原動力です。

日本史を、世界史を、あるいは世界のビジネス・マーケットを思い出してください。ほとんどの現象、事象は人の熱意で生まれ、人の熱意で実現しました。だから**自分のビジョンを表現することに躊躇する必要はありません**。

「自分がやったことが宇宙の迷惑になることだったらどうしよう」

そう考える人もいるでしょう。あなたが本当に心の内側から発することであれば、誰かの笑顔が、仮にたった一人でもその喜ぶ顔が想像できるようなビジョンであれば、どんどんやってください。

今回の人生はこれっきりです。二度とありません。

この際ですから、ありのままの自分をさらけ出し、その素晴らしい自分らしさを力強く表現してみませんか？

素直にさらけ出せば、誰ともぶつかりません。争わない生き方とは、この世で一緒に生きている仲間とも、自分の内なる声とも争わないスタンスです。宇宙は自由意思を存分に発揮するあなたに、全力でアドバイスしてくれるはずです。

おわりに

「本を出すことに興味はありますか?」

この言葉をいただいたことが、この本が世に出るきっかけでした。

このありがたい申し出に対し、私は「正直興味はありません。ですが、もしコーヒーを飲みに事務所にお越しいただけるなら喜んで対応させていただきます」とお答えいたしました(私は「ロータスコーヒー」という名前でコーヒーの焙煎業もしています)。

コーヒーを飲みにいらしたのが、ライターの瀬知洋司さんでした。

彼は当初、私が不食であるということに興味を持ち、ウェブにあったインタビュー記事をご覧になり、声をかけてくださったそうです。

瀬知さんにお会いした段階でも、やはり本を出すこと自体に興味はありませんでした。しかし、彼の誠実でユーモアのあるお人柄に接し、心からその時間を楽しみ、雑談はいろいろなテーマに飛んだと思います。その面談の終わりに彼は、「不食というのは秋山さんのなかで大きなウエイトではないということがよくわかりました。もう少し視野を広げた企画を練らせてください」とおっしゃったのを記憶しています。

このように物事のきっかけは結構、予想のつかないことが多いものかもしれません。私はもともと東京工業大学出身で理系だったこともあり（東工大では、すべての学問の礎になっている数学について、高橋渉先生にその奥深さと面白さを教えていただきました）、また、法曹になるための研修制度である司法修習をしている折に、「秋山君は理系だから、特許をやったらいい」と指導の弁護士から言葉をいただき、「そんなものか」とあまり深く考えず、特許案件を中心に扱っていた松本重敏先生、美勢克彦先生の事務所の門を叩きました。

両先生とも弁護士として優秀というだけではなく、人として心から尊敬できるお人柄で、公私にわたる親切な指導を賜《たまわ》ったのは、本当に大きな人生のギフトであったと深く感謝しています。

今は両先生とも、地上でのお役目を全うされ、天に召されていますが、不思議なことに今でも日々、ご指導いただいているような実感があります。

本文でもお伝えしたとおり、この本の主旨は「自由意思の尊重」であり、「いい加減のすすめ」であり、「その人らしい人生の創造の素晴らしさ」です。
自分自身の直感、内なる心の声、生き方に自信を持ってあなただけの人生を力強く進んでいただきたいと思っています。大丈夫です。あなたは幸せになるためにこの地球に生まれてきたのですから。

この本は、瀬知洋司さんの情熱と、趣旨をご理解いただき惜しみないご提案をいただいたPHP研究所の佐藤義行さんのご尽力なしにこの世に出ることはありませんでした。また、私自身、読み返すと、これまでご縁のあった皆様方のお顔が次々と浮かび、ここで名前をあげることはできませんが、尊敬と感謝の気持ちで満たされ、幸せを実感いたします。
そして何より、常に身近にいながら、辛抱強く対話の相手となってくれた妻、創造力の素敵さを教え続けてくれる子どもたち、私にこの肉体を分けてくれ、愛の眼差しで見守り育ててくれた両親への感謝をもって筆を置きたいと思います。

秋山佳胤

装丁——萩原弦一郎、橋本　雪（デジカル）
編集協力——瀬知洋司
カバー写真——Paylessimages, Inc/amanaimages

〔著者紹介〕

秋山佳胤（あきやま・よしたね）

弁護士・医学博士・ＪＰＨＭＡ認定ホメオパス。

1969年、東京都生まれ。92年、東京工業大学理学部情報科学科卒。96年、司法研修所入所（50期）。98年に弁護士登録（東京弁護士会）。松本・美勢法律特許事務所に入所し、松本重敏先生、美勢克彦先生に師事する。99年に東京弁護士会知的財産権法部事務局次長、2004年に東京弁護士会知的財産権法部事務局長となる。05年、新職務発明制度及び先使用権制度相談事業委員に就任。08年9月にロータス法律特許事務所を設立。12年に医学博士（代替医療）取得。珈琲豆焙煎士としての顔も持つ異色の弁護士。

誰とも争わない生き方

人生にも魂にも善悪はない

2013年11月26日　第１版第１刷発行
2016年４月18日　第１版第４刷発行

著　　者　秋　山　佳　胤
発 行 者　安　藤　卓
発 行 所　株式会社ＰＨＰ研究所
京都本部　〒601-8411 京都市南区西九条北ノ内町11
文芸教養出版部　☎075-681-5514（編集）
東京本部　〒135-8137 江東区豊洲5-6-52
普及一部　☎03-3520-9630（販売）
PHP INTERFACE　http://www.php.co.jp/

組　　版　有限会社データ・クリップ
印 刷 所　図書印刷株式会社
製 本 所　株式会社大進堂

 ISBN978-4-569-81607-4

PHPの本

「不快感」がスーッと消える本

幸せ、自信、平穏がすべて手に入る

佐藤達三 著

「不快感」(=ネガティブな感情)は、なくすことができる! 幸福感に満たされ、心も体も軽やかで、常に絶好調な状態を保つ方法を伝授。

定価 本体一、二〇〇円(税別)

PHPの本

好きなことだけして生きていけ

千田琢哉 著

今の仕事が好きだと胸を張って言えるだろうか。好きなことを貫いてお金にしている人はどこが違うのか。誰でもできる50の習慣を紹介。

定価 本体一、三〇〇円（税別）